누구에게나
숨겨진 마음이 있다

누구에게나
숨겨진 마음이 있다

장정은 지음

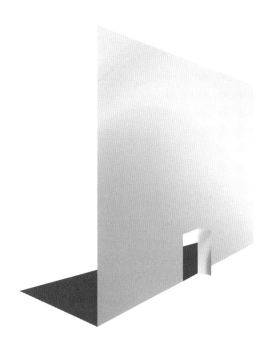

꿈꾸는인생

×

나를 이해하고
수용할 수 있는 용기

대학에서 '청춘의 자기이해'라는 이름의 강의를 4년째 해 오고 있다. 정신분석에서 주로 사용되는 개념들을 바탕으로 '나'를 깊이 이해하고 존중하게 되는 것이 목적인 과목이다. 실제로 수업을 들은 학생들이 자신을 성찰하는 데 큰 도움을 받았다고 이야기한다.

사실 우리는 '나'로 살아가면서도 '나'에 대해 알아볼 기회가 별로 없다. 자신을 잘 안다고 생각하기 때문에 그 필요를 못 느낄 수도 있다. 하지만 나를 바로 이해하는 것은 매우 중요하며, '내가 생각하는 나'는 전체의 내가 아닐 수 있다. 나는 수업 시간에 다뤘던 개념들을 좀 더 쉽게 풀어 간다면 많은 사람들이 자신을 알아가는 데 도움이 되지 않을까 생각했다. 그 마음의 결과가 바로 이 책이다.

책의 첫머리인 만큼 호기심을 확 끌 만한 이야기가 필요할지 모르지만, 그보다는 책에서 다루게 될 다소 이해하기 어려운 개념들을 가볍게 설명하기로 마음을 정했다. 일종의 준비운동이랄까.

'정신분석', '프로이트', '무의식' 같은 표현들은 일반 대중에게도 그리 낯설지 않을 것이다. 많은 매체와 문학, 예술 작품들에서 자주 거론되어 왔기 때문이다. 그렇다면 정신분석의 실제 임상의 치료 목적에 대해서는 사람들이 얼마나 알고 있을까?

정신분석은 개인이 전체로서 자신을 깊이 이해하고 존중하는데 그 목적을 둔다. 엄밀하게 말해 정신분석은 심리와 관련된 증상의 제거나 완화를 목적으로 하지 않는다. 물론 증상의 제거나 완화는 중요하다. 짧은 시간 안에 증상을 경감시키거나 제거하게 되면, 시간 대비 효율성이라는 경제적인 측면에서 효과적인 것으로 평가할 수 있을 것이다. 하지만 정신분석은 짧은 시간 안에 심리 증상을 경감시킬 만한 치료적 개입방법을 발전시키지 않았다. 그리고 심리 증상의 제거가 주요 목표도 아니다. 그렇기에 효과적인 측면에서 보면 정신분석은 심리치료 분야에 있어 구시대의 산물로 여겨질 수 있다.

하지만 나는 오늘 우리에게 증상 제거를 목적으로 삼지 않는 정신분석이 더욱 필요해졌다고 생각한다. 심리 증상이라는 것이 일시적인 스트레스와 관련된 것일 수 있지만, 많은 경우에 이것은 한 사람의 삶의 역사를 반영한다. 어느 순간에 확 터져 나오는 것이 아니라 겹겹이 쌓인 개인의 역사가 반영된 것이라는 의미이다. 그런 점에서 증상은 내가 누구인지를 보여 주는 하나의 상징이며, 미래에 일어나게 될 무언가의 징후 내지는 전조이다. 우울, 불안, 강박 등의 증상이 살아가는 데 불편함을 주는 것이 사실이다. 그러나 다른 한편으로는 그 사람에게 그 증상이 불가피했던 것인지도 모른다. 어쩌면 그 증상은 살기 위한 몸부림일 수 있다. 따라서 그 삶의 역사를 다루지 않고 그저 증상을 경감시키고 제거한다면, 언젠가 마음에 훨씬 더 큰 쓰나미를 불러오게 될지도 모르는 일이다.

또한 증상의 경감과 제거에 초점을 맞추는 일은 오늘 우리 사회의 효율과 효과를 강조하는 강박적인 문화의 산물로 이해할 수 있다. 효율과 효과의 강조가 문명의 발전을 가져온 것은 부인할 수 없는 사실이지만, 인간의 마음에 질병을 가져온 것 또한 사실이다. 어쩌면 성취와 결과에 매달리는 문화 속에서도 여유와 쉼을 누릴 줄 알고 천천히 기다릴 수 있는 마음으로 변화되는 것이 중요한데, 효율성을 요구하는 치료적 개입은 무언가를 해야 할 것 같은 초조함과 긴장감의 마음 조직을 강화하게 될 수 있다. 이 부분에 대해서는 본문에서 더 자세하게 논의할 것이다.

개인의 삶의 역사에서 때로 매우 중요한 기억들은 상당 부분 망각된 채 존재한다. 정신분석은 이처럼 통합되지 못한 삶의 역사를 어떻게 이해하고 성찰할 것인지에 대해 연구해 왔다. 책에서 다루겠지만, 중요한 한 가지 사실은 개인의 삶의 역사는 지금 여기의 분석관계에서 재연된다는 것이다. 비록 기억할 수 없어 의식화시킬 수는 없지만, 한 사람은 자신의 삶의 역사를 다른 사람과의 관계에서 무의식적으로 재연하게 된다. 정신분석은 이를 발견했고, '전이'라고 개념화시켰다.

여기서 또 중요한 것은 그 개인과 관계를 맺고 있는 상대방 또한 관계 안에서 자신의 삶의 역사를 재연한다는 사실이다. 분석관계를 예시로 들자면, 분석을 받으러 온 내담자가 자신도 모르게 자신의 역사를 분석관계에서 드러낼 때, 분석을 진행하는 분석가 역시 자신도 모르는 사이에 자신의 삶의 역사를 드러낸다. 정신분석은 이를 '역전이'라고 불렀다. 그런데 이 역전이는 내담자(상대방)와의 관련성을 생각하지 않을 수 없다. 그것이 삶의 수많은 단면들 중에서 하필 지금 이 순간, 이 내담자와의 관계에서 나타나는 반응과 태도이기 때문이다. 그건 분명 내담자에게 영향을 받은 측면이 있다고 말할 수 있다. 이렇게 관계에서 서로 주고받는 무의식적 영향력과 압력을 정신분석은 '투사적 동일시'로 설명했다.

독자들은 다양한 사례들과 함께 위에서 언급한 정신분석의 개념들에 접근하게 될 것이다. 이를 이해하는 것은 매우 중요하다. 왜냐하면, 내 안에 있었으나 통합되지 못하고 분리된 채 존재하는 나의 일부분들이 어떻게 대인관계에서 살아나 움직이고 표현되는지를 이 개념들이 보여 주기 때문이다. 이를 인식하는 과정을 통해 한 사람은 내가 누구인지를 전체로서 이해하고 수용할 수 있게 된다. 정신분석이 추구하는 것이 바로 이것이다. 짧은 시간 안에 도달하기는 어렵지만, 분석 과정을 거치면서 한 사람은 자기 자신과 자신의 인생을 보다 여유롭게 조망하고 존중할 수 있는 새로운 이해와 관점을 얻게 된다. 이 같은 관계의 역동은 2, 3, 4장에서 다뤄진다.

결국 한 사람의 마음이 치유되고 성장하기 위해서는 반드시 다른 사람과의 관계가 필요하다. 통합되지 못했던 나의 일부분이 사람과 사람이 만나 형성하는 다양한 관계에서 어떻게 살아서 표현되는지를 볼 수 있고, 그 가운데 치유를 경험하기 때문이다. 분석이나 상담 관계는 그 한 예로 볼 수 있다. 정신분석은 이렇게 사람과 사람이 만나 형성하게 되는 만남의 장을 사용해 치유에 이르게 한다. 꼭 분석이나 상담이 아니더라도 좋은 사람은 치유를 불러오는 이러한 만남의 장을 형성시킬 수 있을 것이다. 이런 치유적 만남과 관계에 대해서는 5, 6, 7장에서 묘사된다. 그리고 마지막 8장에서는 분석과 치유 과정을 엿볼 수 있는 구체적인 분석 사례를 제시한다.

한 가지 당부하고 싶은 것은, 개념의 이해를 돕기 위해 사용된 사례들에 머물지 않았으면 하는 것이다. 주요 개념들을 나에게 적용해 보는 시간을 꼭 가져보기를 권한다. 처음에 말했듯이 이 책의 목적은 '나'를 이해하고 알아가는 데 있다.

책에서 언급되는 사례들은 대부분 각색과 수정 작업을 거쳤으며, 내담자들의 허락을 받아 사용되었다. 나와 함께 분석 작업에 참여해 주고, 사례의 사용을 허락해 준 내담자들에게 깊이 감사드린다. 또한 마지막까지 생각을 나눠 준 홍지애 대표님께 감사드린다.

바라기는, 이 책을 통해 나를 있는 그대로 이해하고 수용할 수 있는 용기가 생겨나는 것이다. 더불어 자신이 맺고 있는 관계들을 돌아볼 수 있다면 좋겠다. 그런 과정에서 스스로의 마음이 치유되고 성장할 수 있는 관계의 장이 형성된다면 더 바랄 게 없겠다. 정신분석을 통해 나를 이해하고 깊이 존중하려는 사람, 치유적 관계를 제공하는 상담사, 그리고 부모들에게 이 책이 큰 도움이 될 것이라고 생각한다. 아무쪼록 많은 이들에게 위로와 용기를 주는 책이 되기를 소망한다.

장정은

차례

✕

내가
모르는 나

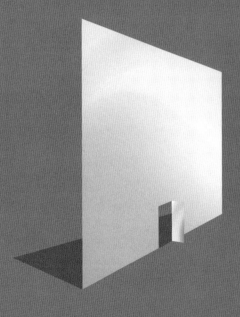

_무의식과 억압

숨겨진
마음

드라마나 영화에서 종종 보게 되는 장면이 있다. 주인공이 고열에 시달리는 중에, 혹은 술에 취해서, 때로는 멀쩡한 정신에 옛 연인의 이름을 부르고, 이를 그의 연인이나 배우자가 듣는 것이다. 알다시피 이 일이 가지고 오는 파장은 꽤 크다. 그 이름은 그의 '숨겨진 진심'으로 여겨지기 때문이다.

드라마의 엔딩을 장식할 만큼 극적인 경우는 아니더라도 우리도 가끔 뜻밖의 말이나 행동이 튀어나와 당황한 적이 있지 않은가? 그럴 때 당신은 뭐라고 설명하고 또 해명하는가? 단순한 실수라고 여기며 가볍게 넘길 수도 있고, 속으로 '내가 왜 그랬을까' 골똘히 생각하며 그 의미를 찾으려 할지도 모른다. 내가 한 말이고 행동인

데 스스로도 잘 모르겠는 나의 모습.

나는 나에 대해 얼마나 알고 있을까?

무의식의 이해는 왜 중요한가

정신분석은, 인간의 정신 활동에는 개인의 의식에서 단절된 영역이 존재한다고 가정한다. 다시 말하면, 인식하지는 못하지만 개인의 생각과 감정, 그리고 활동에 영향을 미치는 숨겨진 영역이 있다는 것이다. 정신분석은 이를 '무의식'이라고 부른다.

우리는 대개 현재 자신에 대해 의식하고 있는 것들이 '나'라고 생각한다. 이를테면, '나는 친절하고, 모험을 즐기며, 책임감이 있다'는 식으로 말이다. 하지만 가끔 스스로도 이해하기 어려운 행동을 하는 자신을 보거나 통제하기 버거운 감정을 마주하는 순간, 자신에 대한 의아심을 품게 된다. '잘못한 것도 없는데 왜 저 사람을 피하지?' '이 별것 아닌 일에 내가 왜 이렇게까지 화를 내지?' '평소 일 처리가 빠른 편인데 왜 이 일은 계속 미루고 있지?' 정신분석은 일상에서 경험하는 이 같은 의아한 상황의 원인을 무의식에서 찾는다.

정신분석은 그동안 무의식이 무엇인지, 무의식에 접근할 수 있

누구에게나
숨겨진 마음이 있다

는 방법은 무엇인지, 무의식이 왜 중요한지를 깊이 탐구해 왔다. 앞의 두 질문은 이 책 전체를 통해 살펴볼 내용이기에 마지막 질문에 대한 답으로 무의식에 대한 여행을 시작하려고 한다. 무의식을 이해하고 탐구하는 것은 왜 중요한가? 다양한 이유가 있을 수 있겠지만, 무엇보다 중요한 이유는 '자기이해'이다. 자신의 무의식을 깊이 이해하는 것은 결국 자신에 대한 깊이 있는 이해를 가져온다. 의식에 중심을 두고 나를 이해하는 것은 나의 극히 일부만을 이해한 것이다. 내 무의식을 이해할 수 있을 때에야 비로소 나는 나의 많은 부분을 이해하게 된다.

여기서 이런 질문이 나올 수 있다. "왜 무의식까지 이해해서 내 전체를 이해하려고 하나?" 나에 대한 통합적인 이해는 내가 어떤 사람이며, 내가 진심으로 원하는 것이 무엇이고, 어떻게 살아야 하는지를 명확하게 보여 주기 때문이다. 곧, 내 무의식을 이해하여 나 자신을 이해하는 것은 정체성을 바로 세우는 일과 깊이 관련되어 있다. 더불어 자기이해를 통해 궁극적으로 추구하는 것은, 스스로를 존중하고 사랑할 수 있는 '자기감'(5장에서 구체적으로 다룰 예정이다)을 고양시키고 나를 있는 그대로 수용하는 것이다.

오늘날 자존감에 대한 많은 이야기가 있다. 자존감이 심리 건강에서 핵심 개념으로 등장하고 또 강조되는 것은 다행스러운 일이다. 그런데 안타까운 것은 자존감에 대한 관심에서 주를 이루는 것이 자존감을 높이기 위한 의식적인 노력이나 단순한 방법들이라는 점이다. 그동안 정신분석 상담과 분석에서 경험한 것들에 비춰 봤을 때 의식적으로 어떠한 노력을 기울이는 것이 전혀 도움이 되지 않는다고 말할 수는 없다. 물론 도움이 된다. 그러나 무의식, 곧 마음의 숨겨진 영역에 대한 이해와 수용 없이는 자기 사랑과 자기 존중에 이르기 어렵다. 내 무의식을 이해할 수 있을 때에야 나 자신을 깊은 수준에서 이해할 수 있고, 비로소 건강한 자존감을 갖게 된다.

실수에 나타난 무의식

프로이트는 무의식의 존재를 최면, 꿈, 전반적인 실수 행위, 신경증적 증상과 행동, 그리고 비합리적인 행동 등을 통해 설명하려고 했다. 그중에서도 실수 행위를 통해 무의식을 증명하는 것이 참 흥미롭다. 남편이 결혼반지를 잃어버리고, 한 교수의 은퇴식에서 후배 교수가 실수로 "그동안의 교수님의 연구 성과에 트림을 하자"고 제안하고(독일어의 '트림'과 '축배'는 발음이 유사하다), 회의의 시작을 알려야 할 사회자가 "이제 회의를 마치겠다"고 이야기하는 등 프로이트는 그의 책에서 다양한 실수 행위를 보여 준다. 그는 이런 실수 행위 속에는 무의식적 의미가 개입되어 있다고 보았다.

    예전에 만년필을 선물로 받은 적이 있다. 남녀노소 누구나 좋아하는 브랜드의 만년필이었지만, 나는 그것을 꺼내 볼 생각을 하지 않았다. 왜냐하면 만년필을 준 사람을 평소에 탐탁지 않게 여겼기 때문이다. 그래서 그냥 책꽂이 위에 살며시 올려 두었다. 그런데 문제가 발생했다. 만년필을 준 사람이 왜 만년필을 사용하지 않느냐고 항의 조로 이야기를 한 것이다. 미안한 마음에, "잘 놔두었어요. 곧 사용할 거예요"라고 말하고는 책꽂이를 열심히 찾아보았다. 그런데 나는 만년필을 찾을 수 없었다.

    아무리 찾아도 찾지 못했던 그 만년필이 내 눈앞에 자연스럽게 들어온 건, 만년필을 준 이가 직장을 옮겨 해외로 이주한 날이었다. 그 사람을 향한 미움을 느끼지 않으려 부단히 애썼던 나는, 그가 선물한 만년필을 찾지 못하는 것으로 내 불편한 마음을 무의식적으로 표현하려 했던 것이다.

    아내의 숟가락을 자신의 숟가락으로 착각해 계속 사용하던 내담자가 있었다. 그는 아내로부터 자신의 숟가락을 사용하지 말라는 경고를 지속적으로 들었다. 모양이 너무나 달라 헷갈리기란 어려운 일이었음에도 내담자는 계속 아내의 숟가락으로 식사를 하곤 했다. 그는 숟가락에 대한 연상을 통해 아내의 숟가락이 자신의 어머니가 사용하시던 숟가락과 유사하다는 사실을 알게 되었다.

    그는 어머니가 해 주시던 것처럼 아내가 자신을 돌보고 사랑해 주기를 바랐다. 하지만 바쁜 아내에게 그것을 요구해서는 안 된다고 생각했다. 그러면서도 우회적으로 아내에게 불만과 짜증을 표현했고, 그로 인해 아내와의 관계는 나빠지고 있었다. 아내의 숟가락을 실수로 사용하는 것은, 결혼을 하게 되면서 어머니의 애정을 더이상 공급받지 못하는 것에 대한 아쉬움과 아내를 향한 불만의 무의식적 표현이었을 것이다. 실수에 숨겨진 의미를 찾게 된 내담자는 점차 아내와의 관계를 회복시킬 수 있었다. 자신의 무의식적 기대와 요구로부터 거리를 둘 수 있었기 때문이다.

이처럼 실수는 '단순한' 실수가 아니다. 실수를 통해 마음의 숨겨진 영역이 드러나기도 하고, 그 숨겨진 마음의 기대와 요구가 실현되기도 한다.

프로이트가 정신분석을 도입한 이후 정신분석은 다양한 변천을 겪었다. 그러나 무의식이 존재하고 그것이 인간의 말과 행동, 사고와 감정에 강력한 영향을 끼친다는 사실만큼은 변하지 않는 정신분석의 기본 전제로 남아 있다.

무의식은 억압으로 생겨난다

그렇다면 무의식은 어떤 과정을 거쳐 생기고, 무의식을 구성하는 것은 무엇인가? 또 무의식의 세계로 들어갈 수 있는 길은 무엇인가? 먼저 무의식이 생기는 원인에 대한 프로이트의 생각을 이야기하면서 이 질문들에 하나씩 답변해 보려고 한다.

프로이트는 무의식이 억압이란 과정을 통해 생긴다고 이해했다. 그가 초기에 사용한 이 '억압'이라는 단어는 망각과 깊은 관련이 있다. 불쾌하고 고통스러운 감정이나 사건을 잊는 것이 억압과 깊은 관계가 있다는 이야기이다. 이때, 망각된 기억과 감정은 내 안에서 사라지지 않는다. 놀랍게도 의식에서 분리된 기억, 감정, 사건 등은 또 다른 마음 저장소인 무의식에 보관된다. 즉, 특정 기억이나 감정, 사건 등이 의식 세계로 들어오지 못하도록 억압하는 과정에서 무의식은 생겨난다.

아동분석에 의뢰된 초등학교 5학년 아동은 유치원 시절의 특정한 경험을 통째로 기억하지 못했다. 그의 어머니는 아이가 잃어버린 기억은 비교적 명확한 것이라 좀처럼 망각하기 어려운 것이라고 이야기했다. 아동이 5살이 됐을 때 부부는 사이가 좋지 않아 떨어져 살았고, 당시 유치원에 다니던 아이는 여름방학을 이용해 프랑스에서 아빠와 함께 한 달을 보냈다. 아이의 기억에서 사라진 시간은 에펠탑을 포함해 아빠와 이곳저곳을 돌아다닌 그 한 달이었다.

이 사례에서, 아동은 "기억을 억압하고 있다"고 말할 수 있다. 이는 억압이 무엇인지와 억압이 어떤 조건에서 일어나게 되는지를 보여 주는 좋은 예이다. 이 아이에게 아빠와 함께한 기억을 떠올리는 것은 결코 유쾌한 일이 아니었다. 그 자체로는 행복하고 즐거운 기억이었지만, 외부 조건(부모의 별거)과 그가 처한 상황상(부모의 이혼 후 엄마 곁에 남음) 그 기억을 간직하는 것은 아동에게 고통스러운 일이었다. 이렇듯 본래 즐거움을 주는 것이지만 어떤 조건에서 더 이상 그렇지 못할 때, 억압은 발생한다.

로미오와 줄리엣은 서로 사랑하지만 집안의 관계 때문에 가까이할 수 없었다. 바로 이런 상황에서 억압이 이뤄진다. 현실적인 예를 들어 보자면, 어느 날 끌리는 사람을 만났는데 알고 보니 원수 집안의 출신이라든가 종교가 다르다든가 혹은 이미 그 사람이 결혼한 상태인 것이다. 이때 억압의 조건이 형성될 수 있다. 물론 억압 작업은 쉬운 일이 아니다. 사랑의 감정을 의식에서 멀리 쫓아 보내려는 시도는, 안타깝게도 많은 경우 실패한다. '사랑하지 말아야지' 굳게 다짐하지만, 그 사람을 보면 심장이 먼저 반응한다. 이런 경우, 억압을 잘 수행하기 위해 의식적으로 정반대의 감정을 가지려고 한다. '나는 너를 사랑하지 않아. 나는 너를 미워해. 나는 너를 싫어해.' 이는 억압을 더 잘하기 위한 것으로, '반동형성'이라고 부른다.

아무 이유 없이 나를 괴롭히는 사람(주로 또래의 남사친이나 여사친)이 있는가? "네가 예쁜 줄 알아? 너 하나도 안 예쁘거든." "내가 너한테 관심이라도 있는 줄 알아? 일도 관심 없거든!" 오늘 내 모습이 어떤지, 내게 관심이 있는지 물어보지도 않았는데, 지레 이런 반응을 보인다면 반동형성을 의심해 볼 필요가 있다. 어쩌면 그/그녀가 나를 좋아하고 있는지도 모른다는 이야기다. 이룰 수 없다고 판단되었든지 아니면 사랑할 수 없다는 조건이 형성되었든지 그 내용은 알 수 없지만, 애써 자기 감정을 숨기거나 억압하기 위해 노력하다 반동형성까지 동원한 것일 수 있다. 그게 아니라면 그냥 좀 이상한 사람이다.

그 반대도 가능하다. 어떤 사람을 볼 때마다 마음에 분노와 미움, 짜증이 일어나는데, 그 사람을 대놓고 미워할 수 없는 경우가 있다. 회사 상사나 대학 내 지도 교수처럼 말이다. 박사 과정에서 논문을 쓸 때 지도 교수와의 관계에는 늘 긴장이 있기 마련이다. 수정과 추가를 계속 요구하는 지도 교수를 볼 때마다 마음에 분노와 미움이 일게 되는 것은 당연한 일이다. 하지만 이런 감정을 갖는 것이 본인에게 결코 유익하지 않음을 알기에 억압이 필요하다. 사랑만큼이나 미움도 억압이 쉽지 않다. 그래서 결국엔 '나는 너를 미워하지 않아. 오히려 너를 좋아해'라고 의식적으로 반대의 감정을 갖는 것이다. 나는 학교에서 "교수님, 사랑해요. 교수님 강의가 정말 좋아요"라고 지나치게 반복해서 이야기하는 학생들을 보면 일단 의심을 하게 된다.

"나는 이런 사람이야"에 담긴 오해

이처럼 억압은 의식 저 멀리에 무의식이라는 저장소를 만들어 불편하고 다루기 힘든 기억, 감정, 사건을 보관하는 일종의 '방어기제'라고 말할 수 있다. 그런데 억압은 점차적으로 더 넓은 의미로 확장되어 자아를 구성하는 데 받아들일 수 없는 생각과 감정을 무의식 상태로 남게 하는 '방어 작용'으로 널리 이해되었다. 여기서 자아를 구성하는 데 받아들일 수 없는 생각과 감정이란 무엇일까?

먼저 '자아'란, 스스로 '이것이 나다'라고 여기는 일종의 사고와 감정, 관점의 체계라고 말할 수 있다. 이것은 한 사람의 정체성을 구성하고 있는 체계이다. 그런데 '나는 이러이러한 사람'이라고 규정하기 시작하면 그 규정에 어긋난다고 여겨지는 부분, 하지만 실제로는 자신의 일부이기도 한 특정 부분은 내 모습이 아니라고 부인하거나 억압시키려 할 것이다. 예를 들어, 자신을 '이성적이고 긍정적인 사람'이라고 규정하게 되면, 부정적인 감정을 느끼거나 삶을 부정적으로 바라보는 자신은 자신이 아니라고 판단한다. 그리고 그런 감정과 사고를 무의식으로 보내 버리려 할 것이다. 이런 사람은 부정적인 말과 행동을 멀리하기에 겉으로 보기에는 성숙해 보인다. 그런데 상담을 하기에는 어려운 부류의 사람이다. 왜냐하면 상담은 감정적이거나 부정적인 태도를 가진 사람이나 받아야 하는 것이라고 생각하거나, 상담을 받기 시작해도 분석가에게 바람직한 인물로 비춰지기 위해 부단히 노력하기 때문이다. 이런 경우, 자신의 비밀스런 이야기를 꺼내기가 어렵다. 상담 때 할 이야기를 미리 준비해 오기도 한다. 사실상 이런 사람들의 내부에는 자신에 대한 강한 억압의 힘이 존재한다.

자신은 법 없이도 살 착하고 정직한 사람이라고 생각하며, 늘 다른 사람을 먼저 생각하고 즐겁게 해 줘야 한다고 생각하는 사람들이 있다. 이들은 다른 사람을 향한 분노나 이기심, 허영심, 욕정과 같은 지극히 정상적인 경험들을 뒤틀리고 위험한 것으로 판단해 무의식 세계로 보내 버리려 할 것이다. 이런 사람 또한 상담하기 꽤 어려운 부류에 해당한다. 왜냐하면 분석가나 상담자에게도 좋은 사람, 착한 사람이 되기 위해 노력하기 때문이다. 이들은 상담 과정에서, "상담을 통해 많이 좋아졌어요", "선생님 말씀대로 했더니 정말 나아졌어요"라고 자주 보고한다. 분석가의 해석이나 조언을 마치 신적인 계시라도 되는 것처럼 성실하게 실천하기도 한다. 하지만 실상 이런 사람들이 좋아져야 하는 부분은 바로 이 지점이다. 이렇게 쉽게 다른 사람을 이상화시키고 자신의 생각과 느낌을 평가 절하하는 태도가 달려져야 한다.

상담에서 좋은 결과가 일어나기 위해서는 '나는 이런 사람이야'라는 규정, 곧 내적 억압의 힘에서 거리를 두어야 한다. 자신이 인정하고 수용하는 모습만이 아닌 자신을 전체로서 이해하기 시작할 때 변화는 시작된다.

혹자는 이렇게 질문할 수 있다. 그렇다면 정신분석은 억압이 없는 상태를 추구하는 것입니까? 정신분석은 충동적이고 무절제한 인간을 '성숙한 사람'이라고 주장하는 건가요? 물론 아니다. 정신분석은 억압이 없는 상태를 추구하지도 않고, 사람을 충동적이고 무절제한 존재로 만들려고 하지도 않는다. 정신분석이 추구하는 것은, 내가 인식하고 인정하는 '일부'가 아닌 '전체'로서의 자신을 이해하고 자신에 대한 유연한 태도를 형성하는 것이다. 이를 통해 정신적 안녕과 행복을 고양시키는 것이 정신분석이 바라는 것이다.

나를 움직이는
보이지 않는 힘

의식에 편입하기 어려운 생각과 감정을 무의식이라는 공간에 넣어 정리하고 관리하는 것은 어떤 면에서 바람직해 보일 수도 있다. 하지만 이것은 정신적인 질환을 일으키는 주요한 원인이 되기도 한다. 실제 존재하는 감정과 사고를 억누르는 압력이 세지면 세질수록 내적인 긴장과 갈등은 커질 수밖에 없고, 해결되지 않은 이런 긴장과 갈등은 결국 불안과 공황, 우울과 강박증 등의 심리 증상으로 자신의 존재를 드러낼 수 있기 때문이다. 억압하는 힘과 억압받는 것들 사이에 갈등이 심해질 때, 이에 대한 탈출구로 증상을 선택하는 것이다. 그렇기에 증상은 한 사람의 성격 조직과 역사를 포함하고 있다.

한 학생이 무기력과 우울로 내 상담실을 찾았다. 부모의 기대와 요구를 따라야 한다고 생각하는 그는 대학교 2학년이었지만, 취업에 대한 걱정이 많았다. 하루에 4시간 이상 자는 것조차 자신에게는 허락되지 않는다고 생각했다. 최고 학점을 받아야 한다는 부담과 날마다 해야 할 공부로 늘 긴장감이 마음을 지배했다. 스스로 세운 계획에서 조금이라도 벗어나게 되면 하루를 망쳤다는 생각에 죄책감과 수치심을 느꼈다. 그는 내적인 억압과 비난의 기제가 상당히 발달해 있었다.

그러나 사람이 늘 이렇게 살 수만은 없는 일이 아닌가. 특단의 조치가 필요했다. 그는 자신만의 방법을 개발했는데, 바로 소주 2병을 마시고 자는 것이었다. 그러면 4시간 후에 알람이 울려도 내적 억압의 힘을 향해 이렇게 말할 수 있었다. "지금 나는 일어나기 힘들어. 술에 취했거든. 그러니까 오늘은 이해해야만 해." 술이 내적 억압을 잠시 무시할 수 있는 근거가 되는 것이다. 하지만 이는 알코올 중독으로 이어진다.

이런 동일한 과정이 무기력과 우울에도 작용한다. 마음을 억누르는 압력이 강해 내적인 긴장과 갈등이 커지고 도저히 이를 감당하기 어려울 때, 사람들이 선택하는 것이 바로 우울이다. 우울하고 무기력해지면 내적 요구와 압력에 수행으로 응답하지 않아도 된다. 마음속 억압의 힘에게 이렇게 이야기할 수 있다. "지금 나는 우울하고 무기력해. 더 이상 너의 요구를 들어줄 수 없어."

소주 2병이 아니고서는 푹 자지 못할 만큼 내담자에게 강한 억압의 힘이 형성된 이유는 무엇일까? 부모의 기대와 요구를 가혹하고 엄격한 내적 목소리로 내면화시켰기 때문이라고 말할 수 있다. 부모의 기대나 요구를 자녀는 자신을 이해하는 일종의 거울로 삼게 된다. 다시 말하면, 자녀를 향한 부모의 기대와 요구는 자녀를 비추는 거울이 되어 자녀가 자신이 누구인지에 대한 정체성을 형성하도록 만든다. 더불어 '이것이 나'라는 느낌과 정서를 만들어 낸다. 가혹하고 엄격한 부모의 기대와 요구가 자녀의 마음에 억압의 힘으로 내면화된다는 말이다.

나의 한 내담자는 내적인 힘을 가죽 재킷에 비유한 적이 있다. 그 가죽 재킷은 필요에 따라 입었다 벗었다 할 수 있는 것이 아니다. 그것은 살에 붙어 있어서 좀처럼 벗겨 내기가 어렵다. 그것을 벗으려면 살점이 떨어져 나가는 고통을 느끼게 된다. 나는 이 비유가 억압의 힘을 적절하게 표현한 것이라고 생각한다. '반드시 ~해야 해', '이것은 해서는 안 돼'라는 압력은 한 사람의 정체성을 구성한다. 마치 마음의 한 인격으로 자리 잡기까지 한다. 그것은 갑갑하지만 동시에 '이것이 나다'란 느낌을 통해 삶에 안정감을 주기도 한다. 그래서 벗어 던지기가 쉽지 않다. 마치 우리 살에 붙어 있는 것처럼 말이다.

그렇다면 그 내적인 힘은 어떻게 나타나는가? 대개 시선과 목소리로 나타난다.

싸늘한 시선

한 내담자는 학교에서 발표를 했던 기억을 떠올렸다. 대학원 수업이었고, 자신의 발제 순서였다. 하지만 너무나 긴장한 나머지 입을 열기가 어려웠다. 심장 박동이 빨라졌고 이마에서는 땀이 흘러내렸다. 발표를 하기 위해선 마음을 안정시킬 시간이 필요했다. 그는 동료들과 교수님께 잠시 시간을 달라고 요구했고, 그렇게 침묵 속에서 몇 분이 지나서야 발제를 시작할 수 있었다. 그는 그런 자신에 대해 며칠 동안 수치심을 느꼈다.

나는 뭐가 그토록 발표를 어렵게 했는지 이야기해 달라고 말했다. 그는 발제를 듣는 교수님과 친구들이 자신을 평가하는 것으로 느낀 것 같다고 대답했다. 뭔가 떠오르는 게 있는지 묻자, 그는 어린 시절 아버지가 자신을 혼내던 기억을 떠올렸다. 무엇 때문인지는 몰라도 아버지는 몹시 화가 났고, 내담자의 종아리를 회초리로 때렸다. 그리고 이때 그가 떠올린 것은 맞고 있던 자신 옆에서 자신을 쳐다보던 어머니와 남동생의 시선이었다. 안쓰러워하는 시선이 아니라 맞을 짓을 했다고 여기는 듯한 차가운 시선에 내담자는 자신이 보호받지 못한다고 느꼈다. 물론 실제로 내담자의 어머니나 남동생이 그가 기억하듯 차갑고 쌀쌀하게 어린 내담자를 바라봤는지는 확인할 수 없다. 하지만 분명한 것은 당시 내담자가 그들의 시선을 그렇게 이해했다는 데 있다. 아마도 그 시절 가족 관계가 그가 그런 느낌을 갖게 하는 데 한몫했을 것이라고 추측할 수 있다.

그가 발표의 순간에 공포스러울 만큼 긴장했던 것은 발표 당시 조용하게 앉아 있던 교수님과 동료들의 시선을 차갑게 느꼈기 때문이다. 이는 무의식적 과정으로 자신이 지금 보호받고 있지 못하다는 강한 불안에 휩싸인 것이라고 볼 수 있다. 마음 깊이 자리 잡은 억압의 힘이 중요한 순간에 두려움과 공포를 유발시킨 것이다. 정신분석에서는 공포증의 많은 원인이 이런 가혹한 내적 억압과 깊은 관련이 있는 것으로 본다.

누구의 목소리인가

내적인 억압의 힘은 엄격하고 가혹한 목소리로 경험되기도 한다.

아버지가 목사님이었던 한 내담자는 낮잠을 자기가 어려웠다. 늘 바른 자세로 한결같은 삶을 사셨던 아버지께는 한 가지 신념이 있었는데 바로 자는 시간 외에는 누워 있지 말라는 것이었다. 아버지의 이런 신념은 아들이었던 내담자에게 내적 억압의 목소리로 작용했다. 나이가 들고 결혼도 해서 이제는 아버지의 실제적인 영향력에서 멀리 떨어져 있음에도 그는 낮잠을 청하기가 어려웠다. 소파에 누워 있으면 아버지의 목소리가 들려왔기 때문이다. "그렇게 게으르게 누워 있으면 되겠니!" 잠이 오다가도 이런 아버지의 목소리 때문에 그는 벌떡 일어났다.

우리가 구분하지 못할 뿐 우리 안에서 나를 향해서나 외부의 대상을 향해서 갖게 되는 느낌은 실제 우리 자신의 목소리가 아닌 것들이 많다. 나 자신을 신뢰하지 못하는 느낌, 이러이러하게 살아야만 한다는 생각, 만약 그렇지 못하면 부적절하고 바르지 못하다는 기분, 다른 사람들의 의도가 불순하다는 예감 등 우리가 살면서 갖게 되는 이런 감정들은 타인으로 인해 만들어지고 구성되고 심지어 조작된 것인지도 모른다. 이런 느낌들은 억압과 내적 비판의 도구가 되어 스스로를 제한하고 구속하는 힘으로 작용한다.

정신분석의 과정에서 분석가는 내면의 목소리를 구분시켜 주기 위해 노력한다. 사람을 만나는 데 어려움을 겪고 있는 한 내담자는 내게 이렇게 토로했다.

"아마 전 평생 사람을 못 만날 거예요. 누가 나 같은 사람을 만나 주겠어요?"

나는 언젠가 그에게 이렇게 말했다.

"그건 선생님 자신의 목소리인가요? 제가 보기엔 지난번에 말씀하신 어머니의 목소리처럼 들리기도 하네요."

'네가 그런 식으로 하면 사람들은 너를 좋아하지 않을 거고 너를 만나 주지도 않을 것'이라고 이야기했던 내담자 어머니의 목소리는 성인이 된 내담자의 대인관계에 큰 영향을 끼치고 있었다.

억압의 힘 걷어내기

정신분석의 목표는 억압의 힘을 점차적으로 걷어 내고 느슨하게 하는 데 있다. 물론 앞에서 언급했듯이 억압의 힘은 살에 붙어 있는 가죽 재킷처럼 강력해서 억압에서 완전히 자유로워지기란 어렵다. 어쩌면 불가능한 일을 정신분석이 시도하는지도 모른다. 그럼에도 정신분석은 이 억압의 힘을 완화시켜 개인이 보다 더 건강하고 행복한 삶, 주체적인 삶을 살게 하기 위한 이론과 치료적 개입을 개발하고 발전시켜 왔다.

프로이트는 그의 이론의 후기에서 억압을 유발하는 마음의 구조를 '초자아'라고 부르기 시작했다. 정신분석 이론의 변천에서 초자아는 상당히 중요한 역할을 한다. (초자아는 부모의 기대와 요구가 내면화되어 자아 위에 군림하고 있는 인간 성격 구조의 하나로, 가혹하고 엄격한 시선과 목소리의 정보를 포함하고 있다.) 초자아의 힘을 느슨하게 하거나 그 초자아를 부드러운 다른 대상으로 교체하는 일이 정신분석의 목표가 되었다.

어쩌면 우리의 삶은, 물론 늘 그렇지는 않겠지만, 단순하고 평화롭고 행복한 일들로 가득할지도 모른다. 하지만 그럼에도 우리는 늘 해야 할 일들로 버거워하고, 누군가에게 쫓기는 듯 불안해하며, 이 세상은 위험한 요소로 가득하다고 믿으며 살 수 있다. 그런데 이런 상태가 지속되면 불면증, 공포증, 신경증과 같은 문제가 찾아올 수 있다. 이는 내적인 억압의 힘인 초자아가 비대해지고 또한 지나치게 가혹해진 탓이라고 말할 수 있다.

오늘 우리가 사는 시대에 억압은 끝이 났다고 이야기하는 사람들이 있다. 그들은 정신분석을 처음 도입한 프로이트가 살던 시대, 곧 구시대에나 억압이 존재한다고 여긴다. 과연 그럴까? 실제 임상 현장에서 내가 만난 젊은이들은 억압의 문제로 큰 고통을 겪고 있었다. 물론 프로이트가 살던 19세기 빅토리아 시대의 억압과 그 양상은 다를 수 있다. 하지만 분명한 것은 억압이 여전히 개개인의 삶에 위세를 떨치고 있다는 것이다. 이 시대의 청년들은 어려서부터 해야 할 일들과 획득해야 하는 스펙, 도달해야 하는 높은 이상과 목표를 주입받으며 자라났다. 그리고 이는 내적으로 강력한 초자아를 구성하여 억압하는 힘으로 작용한다. 얼마나 많은 대학생들이 상담실에 찾아와 심적인 부담감을 호소하는지 모른다. 해야 할 일들에 대한 생각에 잠을 이루는 것조차 어려운 이들이 많다. 만약 도달하기 어려운 목표와 이상에 근접할 때에만 평안함과 안정감을 느낄수 있다면, 우리는 얼마나 큰 긴장과 불안, 심적 부담감을 갖고 살게 될 것인가?

그러므로 정신분석에서 초자아를 다루는 것은 여전히 아주 중요한 일이라고 볼 수 있다. 독자들 또한 자신의 초자아를 생각해 보고, 그로 인해 발생하는 내적 긴장과 불안에 대해 성찰해 볼 필요가 있다. 이는 인생 전반에 대해 돌아보고 살펴보는 일이 될 것이다. 지나치게 자신을 제한하고 얽어매고 구속해 오지는 않았는지 생각해 봐야 한다. 이제는 그런 힘으로부터 놓여나 자유를 누려야 할 때인지도 모른다.

억압을 우리 삶에서 몽땅 몰아내야 한다는 말이 아니다. 억압은 우리 삶에 필요하다. 갑작스레 억압이 필요하다고 말해서 이상하게 들릴지 모르지만, 불가피한 억압은 우리가 현실세계에 적응하기 위해 필요한 것이다. 욕망은 한 사회의 정상적인 교육과 경제 체계 속에서 적응적인 방식으로 실현되어야 하기에 불가피한 축소와 제한

이 뒤따른다. 그렇기에 문명사회에서 욕망의 상실과 이에 따른 애도 작업은 존재한다. 내가 자유로워지자고 이야기하는 억압은 '불필요한 억압'이다. 곧, 반드시 나를 향하지 않아도 되는 억압이다. 그 억압을 완화시키고 경감시켜야 한다. 억압의 이완은 분노를 표현하지 않던 사람이 분노를 드러내고, 조용히 소극적으로 행동하던 사람이 자신의 의사와 주장을 당당하게 표현하는 것으로 나타난다.

그렇다면 어떻게 억압을 완화시킬 수 있을까? 먼저 억압의 근거를 알아야 한다. 결국 무의식으로 들어가야 한다는 말이다.

누구에게나
숨겨진 마음이 있다

마음속으로
향하는 길

우리는 어떻게 무의식에 접근할 수 있는가? 무의식은 감춰진 영역이기에 좀처럼 의식되기 어렵다. 그것은 실수 행위나 꿈을 통해 모습을 드러내기는 하지만, 그 순간조차 자신을 온전히 드러내지 않는다. 따라서 무의식의 내용을 구체적으로 알기란 매우 어려운 일이다.

　정신분석은 그동안 무의식을 이해할 수 있는 방법을 찾고 발전시키려고 애써 왔다. 정신분석이 분석하려고 하는 대상이 다름 아닌 무의식이기 때문이다. 무의식으로 들어가는 길을 찾는 것이 정신분석의 가장 중요한 임무 중에 하나일 것이다. 이 책의 내용도 여기에 초점이 맞춰져 있다. 어떻게 내 무의식을 깨닫고, 이해하며, 그로 인해 건강하고 행복한 삶을 살 수 있는지에 강조점이 있다.

초기 유년 시절의 사건

프로이트는 무의식을 의식화하는 작업을 고고학에 빗대어 설명했다. 무의식의 내용이 대부분 초기 유년 시절의 사건이나 환경과 깊은 관련이 있기 때문이다. 즉, 무의식을 이해한다는 것은 초기 유년 시절을 이해하는 것이며, 그때의 이야기를 재구성하는 일이기도 하다. 마치 고고학자가 숨겨진 고대 유물을 찾기 위해 관련 정보들을 모아 적절한 지역을 찾아내고 또 땅을 파 들어가듯이, 분석가는 내담자의 무의식 세계에 들어가기 위해 내담자의 이야기를 듣고 중요하게 여겨지는 정보들을 연결시킨다.

전 생애에 걸쳐 무의식에 들어가는 방법을 찾기 위해 집요하게 연구했던 프로이트가 무의식의 의식화를 위해 처음 도입한 방법은 '최면 기법'이었다. (직접 경험해 보지 않았더라도 최면 기법이 어떻게 진행되는지 알 것이라고 생각한다.) 최면 상태에서는 어렵지 않게 어린 시절의 기억을 떠올리게 되어 무의식을 이해할 수 있는 기회를 얻을 수 있다. 하지만 프로이트는 자신이 최면을 거는 데 익숙하지 않은 데다가, 최면 상태에서 얻은 정보들을 통해 무의식의 내용을 알게 된다 해도 이상하게 치료가 잘되지 않는다는 것을 알게 되었다.

그래서 그가 개발한 방법이 '자유연상'이다. 자유연상이란, 마음속에 떠오르는 어떤 것이든 분석가에게 전달하는 것이다. 자유연상에 대해 더 설명하기에 앞서 최면 기법에서 자유연상으로의 전환이 갖는 의미를 설명할 필요가 있다. 무엇보다 중요한 사실은, 무의식의 내용을 알게 되었다고 해서 반드시 변화로 이어지지는 않는다는 것이다. 최면을 통해 알게 된 무의식의 정보를 상담사가 내담자에게 알려 주어도 큰 변화가 없을 수 있다. 왜냐하면 단순한 앎은 변화로 연결되지는 않기 때문이다.

자신의 무의식에 대해 알게 된 내담자는 "아, 그래서 제가 이런 거군요"라고 반응하게 된다. 그러나 그것이 증상을 사라지게 하거나 자신을 바라보는 관점의 변화를 동반하지는 않는다. 왜냐하면 프로이트의 표현대로 '무의식의 내용이 단순히 등재된 것'이기 때문이다. 앎 자체로는 변화를 일으킬 수 있는 '무의식과 의식의 연결'로까지 나아가지는 못한다는 의미다. 프로이트는 자유연상을 통해 내담자 스스로 무의식을 찾아가는 것이 이런 문제를 해결할 수 있다고 보았다.

"분석을 받아도 변화되지 않는 걸요"

많은 사람들이 이렇게 이야기한다.

"나는 정신분석 공부도 했고, 실제로 분석도 많이 받았어요. 그런 과정을 통해 내 무의식을 많이 이해하게 되었죠. 그런데 그래도 여전히 치료가 일어나지는 않던데요."

이런 일이 일어날 수 있는가? 물론이다. 이것은 두 가지 가능성 중에 하나이다. 하나는, 분석 공부와 실제 분석을 통해 얻어진 통찰이 잘못된 것이다. 이는 처음부터 다시 진행해야 한다. 다른 하나는, 앞서 말한 것처럼 무의식의 내용이 의식에 단순 등재된 것이다. 깨달음이 바로 변화를 가져오지는 않는다. 의식은 아직 이를 받아들일 준비가 되어 있지 않기 때문이다.

여기서 정신분석에서 중요한 '시의적절성의 문제'가 대두된다. 아무리 사람의 마음을 훤히 내다보는 분석가라도 내담자가 무의식을 받아들일 준비가 될 때까지 기다려야 한다. 나는 미국에서 오랜 기간 정신분석 수련을 받았는데, 수련의 핵심 중 하나를 이야기하자면 '시의적절한 개입'이다. 이는 숙련된 분석가와 초보 분석가를 구분하는 기준이 된다. 분석을 통해 내담자의 무의식이 밝혀졌다고 하더라도 분석가는 인내하며 신중하게 해석의 시기를 기다려야 한다. 내담자가 준비될 때까지 해석을 미뤄야 한다는 뜻이다. 아무리 좋은 말이라고 해도 상대방이 받아들일 준비가 되어 있지 않다면, 그 어떤 효과도 거두기 어려운 것과 마찬가지이다.

앞에서 잠시 언급했듯이 자유연상은 머릿속에 떠오르는 것을 거르지 않고 분석가에게 전달하는 것이다. 분석가는 첫 회기에 자유연상 기법에 대해 다음과 같이 설명하면서 교육한다.

"분석을 시작하면서 중요한 원칙은 마음에 떠오르는 것을 가능한 한 편집하지 않고 제게 이야기해 주시는 겁니다. 그것이 꿈에 대한 것이든 치료와 관련된 생각이든 상관없습니다. 떠오르는 것을 가감 없이 제게 이야기하는 게 쉬운 일은 아니겠지만, 혹 이야기하기 어렵다고 느끼셨다면 그 느낌을 제게 알려 줄 수 있는지 보세요."

이렇게 설명하면 이후에 자유연상이 잘 이루어질까? 아니다. 많은 내담자들이 자유연상을 꺼리고, 분석가가 질문을 던져 줄 것을 요구하기도 한다. 머리에 떠오르는 것을 가감 없이 표현한다는 게 결코 쉬운 일이 아닐 것이다. 그것이 분석가에 대한 분노거나 자신의 은밀하고 수치스러운 부분이라면 더더욱 그럴 것이다. 어린 시절부터 가족의 비밀은 이야기하는 것이 아니라는 교육을 받고 자란 사람이라면 더욱 자유연상을 하기 어렵다. 종교적으로나 도덕적으로 고상한 사람들에게도 자유연상은 무척 어려운 과제다. 이런 사람들에게 비밀스러운 비윤리적인 공상을 이야기하기란 죽기보다 힘든 일이기 때문이다. 그들은 이런 이야기를 해야 한다는 강요를 받는다고 느끼면 상담을 그만두게 될 것이다.

하지만 자유연상은 매우 중요하다. 자유연상을 잘하게 되면, 꼬리에 꼬리를 물고 떠오르는 비논리적인 연상들 속에서 자연스럽게 무의식이 드러나는 것을 발견하게 된다. 물론 떠오르는 것을 막지 않는다는 전제하에서 말이다.

떠오르는 것을 편집하지 않고 이야기한다는 것이 아예 불가능한 일은 아니지만 대단히 어려운 일임에는 틀림없다. 사람에게는 감추고 싶은 것들이 있고, 자신의 이야기를 하는 것에 대한 편함의 정도도 다 다르기 때문이다. 틀림없이 방해를 받게 돼 있다. 프로이트는 이 방해를 '저항'이라고 불렀다.

여기, 방해꾼이 있다!

자신을 숨김없이 드러내는 데에는 방해꾼 저항이 존재한다. 분석가들은 임상 경험을 통해, 이 저항이 생각보다 강하고 견고하다는 것을 알게 되었다. 분석관계에서 저항은 여러 가지 형태로 나타난다. 대표적인 것이 결석(지각)하기, 분석 중단하기, 분석비 내지 않기, 침묵하기, 관련 없는 이야기하기 등이다. 이것들이 저항이라는 사실을 알게 되기까지는 오랜 시간이 걸리기도 한다. 그만큼 저항은 내담자 스스로도 이해하지 못할 만큼 세밀하고 정교하게 구축되어 있다.

　일 년 이상 분석을 받아 온 한 내담자는 분석 회기에 자주 결석한 탓에 일 년이 지난 시점에 겨우 17회기의 상담을 진행한 상태였다. 잦은 결석 탓에 분석은 지지부진했고, 두 주에서 세 주가량을 띄엄띄엄 만나다 보니 상담자인 나 또한 내담자에 대한 것을 쉽게 잊게 되었다. 참석을 하는 날에는 자주 지각을 했다. 나는 상담이 제대로 진행되지 못하고 있다는 데 대한 부담을 느꼈다. 내담자는 결석과 지각에 대해 이야기할 때면, 상담이 부담이 되거나 오기 싫은 것은 결코 아니라고 말했다. 나를 만나는 것이 무척 기대가 되고, 상담하러 올 때마다 기분이 좋아진다고도 했다. 그럼에도 그의 지각이나 결석은 좀처럼 나아지지 않았다.

　일 년이 지난 어느 시점에 나는 다시 한 번 지각과 결석에 대해 언급하며, 잦은 지각과 결석으로 분석이 진척되지 않는 것처럼 느껴진다고 이야기했다. 그러자 내담자가 이런 말을 했다.

　"첫 면담 회기에 선생님께서 이 분석이 종료되는 시점이 제가 비밀스런 이야기를 자연스럽게 하게 될 때라고 말씀하셨던 것이 기억이 나요."

　내담자는 내가 기억해 내지 못하는 이야기를 내게 해 주었다. 내담자가 쉽게 부끄러움과 수치심을 느끼던 탓에, 아마도 나는 이 분석의 목표가 자신의 비밀스런 이야기를 자연스럽게 꺼내게 되는 것이라고 면접 회기에서 말했던 것 같다. 매주 빠짐없이 분석 회기에 오면 상담의 종료 시점도 성큼 다가올 것이다. 그건 곧 내담자에게 자신의 비밀스런 이야기를 자연스럽게 하게 될 것이라는 의미이기도 했다. 내담자는 상담의 이른 종료를 방지하기 위해 저항하고 있었던 것이다.

이처럼 저항은 우리가 인식하려고 하지 않아서 그렇지 매우 정교하게 무의식적으로 일어난다. 저항을 극복하기란 쉽지 않다. 저항을 내려놓는다는 것은, 자신에게 안전감을 주는 무엇을 포기하는 것과 유사하기 때문이다. 즉, 저항은 자기 자신을 보호하는 것이기도 하다는 의미이다.

저항이란 방해물이 워낙 강력해서 무의식으로 가는 길이 어려웠다. 실제로 한때는 저항을 내려놓게 하는 것이 정신분석의 목표가 되기도 했다. 하지만 프로이트는 무의식으로 향하려는 의지를 굽히지 않았고, 정신분석 역사에 큰 획을 긋는 개념을 내놓게 되었다. 바로 '전이'이다. 전이를 통해 프로이트는 무의식으로 향하는 우회로를 발견하게 되었다.

1. 나는 내가 '누구'(어떤 사람)라고 생각합니까? 스스로 '이것이 나다' 라고 여기는 다양한 모습들을 적어 봅시다. 그런 나에 대한 규정들 은 어디에서 비롯된 것인가요?

   또 '나'와는 거리가 멀다고 생각되는 것들 중에 가장 먼저 떠오르 는 것은 무엇입니까? 그렇게 생각하는 이유는 무엇인가요?

2. 정신분석을 받고 있다고 가정해 봅시다. 분석가는 당신에게 지금 떠오르는 것이 무엇이든 자유롭게 이야기해 보라고 말합니다. 머 릿속에 가장 먼저 떠올랐지만 이야기할 수 없는 이야기나 감정, 생 각이 있습니까? 그것은 무엇입니까?

3. 반드시 해야 한다고 여기는 일이나 반드시 갖춰야 한다고 생각하 는 삶의 태도가 있습니까? 혹시 그것에 못 미치면 스스로가 무가 치하게 느껴집니까? 무엇을 이루었든, 어떤 모습이든 나는 진심으 로 사랑하고 존중받을 만한 사람입니다. 나는 나 자신을 그렇게 느 끼고 있습니까?

무의식으로
향하는 우회로

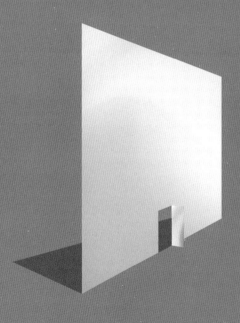

_전이

어떤 기대,
어떤 감정

정신분석은 전이를 통한 치료, 전이에 대한 학문이라 불릴 만큼 정신분석에서 전이를 이해하는 것은 중요하다. 결론부터 말하자면, 한 사람의 무의식으로 향하는 데 전이만큼 확실하고 뚜렷한 방법은 없다.

전이는 모든 인간관계에서 나타나는 보편적인 현상이다. 나는 독자들이 전이에 대한 설명을 듣고 잘 이해해서, 자신의 인간관계에 적용해 보기를 권한다. 내 인간관계에 어떤 전이가 나타나는지를 살펴봄으로써 자신의 무의식에 한 발짝 가까이 다가갈 수 있게 될 것이다. 이는 자신에 대해 몰랐던 측면을 의식 세계로 끌어올리는 것이며, 자신의 인간성 전체를 온전히 수용하는 계기가 될 수 있다.

분석가들은 전이에 대해 다양한 정의를 내렸다. 나는 이 책에서 전이에 대한 정의들을 소개하는 대신 전이가 어떻게 무의식으로 향하는 방법이 될 수 있는지를 살펴보려고 한다.

본래 전이는 분석관계에서 분석가와 내담자 사이에 일어나는 현상을 이해하기 위해 도입된 개념이다. 쉽게 설명하자면, '내담자가 분석가에 대해 갖는 느낌'이라고 말할 수 있다. 분석이나 상담을 시작할 때, 내담자는 분석가에 대해 일종의 느낌을 갖는다. 여기서 말하는 '느낌'이란, 감정뿐만 아니라 분석에 대한 기대까지 포함한다.

어떤 내담자가 내게 이렇게 이야기한 적이 있다.

"선생님은 프로이트의 손녀에게서 분석을 받았다고 들었어요. 선생님이라면 제 모든 문제를 깨끗하게 치료해 주실 거라고 생각해요."

이후에 살펴보겠지만, 이것을 '이상화 전이'라고 한다. 내담자는 지금 분석가를 이상화하고 있다. 어디서 어떤 이야기를 들었는지 모르지만, 나는 프로이트의 손녀에게 분석을 받았다고 이야기한 적이 없다. 사실이 아니기 때문이다. 그리고 하나님이 아닌 이상 개인의 문제를 깨끗하게 치료해 주기란 어렵다. 그러나 내담자는 마치 내가 모든 것을 알고 있고 치료할 능력을 가진 존재로 경험하고 있었다.

이렇게 분석가를 이상화하면 내담자는 안정감을 느낀다. 그것이 이상화의 목적이기도 하다. 그렇기에 분석가가 자신은 그런 사람이 아니라고 굳이 설명할 필요는 없다. 물론, 내담자가 가진 정보가 실제 사실과 다를 때에는 수정해 주어야 한다. 나의 경우, 정신분석 수련을 마쳤지만 프로이트의 손녀에게 분석을 받은 것은 아니라는 점은 알려 줘야 한다. 그러나 내담자가 분석에 대해 갖고 있는 기대와 희망을 좌절시킬 필요는 없다.

"저 그런 사람 아니에요. 저는 많이 부족한 사람입니다. 선생님 문제를 어떻게 제가 깨끗하게 치료해 줄 수 있겠어요. 그걸 기대하셨다면 잘못 찾아오셨네요."

이렇게 말하면 분석관계는 시작되기 어렵다. 이는 내담자의 말(경험)을 전이로 이해하지 못한 탓이다. 분석가가 대단히 뛰어나고 훌륭한 사람이라는 내담자의 느낌, 이것은 일종의 전이이다.

또 다른 내담자는 내게 이렇게 이야기했다.

"선생님이라면 저를 판단하지 않으실 거예요. 선생님은 제 편이 되어 주실 거예요."

이것은 '거울 전이'로 이해할 수 있다. 자신을 받아 주고 위로하는 대상으로 분석가를 인식하는 현상이다. 그는 내가 자신을 판단하지 않고, 자신이 하는 말에 온전히 긍정해 줄 것이라고 느끼고 있다. 그런데 사실 분석가가 내담자를 온전하게 이해할 수는 없는 노릇이다. 다만 내담자의 이야기를 경청하며 판단하지 않으려고 노력할 뿐이다. 하지만 분석가는 이런 내담자의 기대와 요구를 허용해 주어야 한다.

이런 종류의 전이는 다양한 방식으로 나타난다. 이런 일도 있었다. 한 내담자가 내게 배우 '휴 그랜트'를 닮았다고 말한 것이다. 내 일생에서 내가 휴 그랜트를 닮았다고 이야기해 주는 사람은 아무도 없었다. 첫눈에 이렇게 말하는 것은 분석가에 대한 일종의 '애정화 전이'로 볼 수 있다. 상대방은 그 사람과 무관할 수 있는데, 그 혹은 그녀를 보면서 자신이 꿈꿔 오던 사람이라고 느끼는 것이다.

물론 분석이 진행되는 실제적인 측면에서 내담자에게 이 같은 느낌을 유발할 수는 있다. 분석 과정에서, 분석가를 훌륭하고 수용적이며 다정한 대상으로 느낄 수 있다는 이야기다. 분석가는 오랜 훈련을 받은 사람이며, 내담자가 어디에서도 하지 못한 이야기를 끝까지 경청해 주는 사람이기 때문이다. 하지만 내담자가 분석가의 이런 측면을 지나칠 정도로 과도하게 경험한다면, 이것은 전이 현상이라고 말할 수 있다. 분석가는 화장실도 가지 않을 것이라고 예상하며 신적인 위치에 놓는다든가, 분석가는 영원히 자신의 편이 되어 줄 것이라는 생각은 실제적이라기보다는 내담자가 갖는 주관적인 느낌이다.

과거 경험을 기억하는 수단

전이가 중요한 것은 분석관계에서 나타나는 다양한 전이가 내담자의 내적세계와 무의식으로 향하는 핵심적인 수단이 되기 때문이다. 분석가들은 전이, 곧 내담자가 분석가에 대해 갖는 느낌이 내담자의 유년 시절을 재연하는 것임을 알게 되었다. 다시 말해, 망각된 유년 시절의 부모님 혹은 중요한 대상과의 관계를 지금의 분석관계에서 다시 나타내 보여 주는 것이 전이다.

한 내담자는 내게 말하는 것을 대단히 어려워했다. 그러다 보니 분석은 침묵으로 이어질 때가 많았다. 침묵이 길어지면 자유연상이 방해될 뿐만 아니라, 분석가에게 긴장감과 따분함을 줄 수 있어 분석은 전반적으로 지지부진해진다. 이것은 분명한 저항이다.

분석가를 지나치게 어려워하는 것은, 내담자가 유년 시절 부모와 맺었던 관계의 측면을 보여 주는 것일 때가 많다. 내 내담자의 경우도 그랬다. 그는 내가 자신을 한심하게 볼까 봐 두려워했다. 자신을 알게 되면 분석가가 자신을 형편없는 인간이라고 판단할 것이라는 무의식적인 예상이 그를 불안하게 만들었다.

여기서 분명히 하고 싶은 것은, 분석가는 그럴 사람들이 아니라는 것이다. 분석가는 무슨 이야기든 경청하고 판단하지 않는 훈련을 받은 사람들이다. 하지만 어떤 내담자들은 분석가가 자신을 부적절하게 볼 것이라는 예상에서 쉽게 벗어나지 못한다. 이는 내담자의 유년 시절 대인관계의 재연이다. 곧, 자신의 언행을 늘 못마땅하게 여겼던 부모와의 관계를 지금 여기의 분석관계에서 재연하는 것이다.

이 내담자의 부모는 자녀들에게 침묵이 금이며, 이야기를 많이 하는 것은 결국 자신의 약점과 허점을 보여 주게 되는 것이라고 가르쳤다. 자녀의 말과 행동에 대해서는 자주 눈살을 찌푸렸다. 그리고 지금 이 내담자는 자신의 부모를 마주하는 느낌으로 나를 바라보고 있었다.

이렇듯 전이는 유년 시절 대인관계의 재연이다. 비록 침묵으로 분석을 방해한 듯 보이지만, 분명한 것은 지금 여기에서 나타나는 분석가와의 관계는 내담자의 무의식에 존재하는 신념과 감정을 보여 준다는 사실이다. 분석관계에서 나타나는 내담자의 태도는 내담자를 더 알아가는 힌트가 된다.

내 마음속
어린아이

전이에 대해서는 밤을 새워 가며 이야기할 수 있다. 실제 내 임상에서 드러난 전이에 대해 할 이야기가 많다. 하지만 그 전에, 전이를 관찰해 온 분석가들이 전이를 이해하고 분석하기 위해 정리한 간단한 항목들을 먼저 설명하는 게 도움이 될 것 같다.

1. 표상

'표상'은 정신분석에서 자주 언급되는 것으로, '어떤 사물을 이해하도록 돕는 대표적인 이미지' 정도로 이해할 수 있다. 이미 언급했듯이 전이는 유년 시절 인간관계의 재연으로 내담자의 유년 시절 인간관계를 보여 준다. 인간관계의 구성요소는 '나'(자신)와 '대상'(타인)이다. 그 관계에서 나를 대표할 수 있는 '자신에 대한 이미지'가 '자기표상'이며, 대상을 대표할 수 있는 '대상에 대한 이미지'가 '대상표상'이다.

유아(유년) 시절에 언어적, 육체적 학대를 받은 경우를 예로 들어보자. 학대가 이루어지는 인간관계를 통해서 아이는 자신을 학대하는 부모에 대한 이미지를 형성할 수 있고, 또한 부모에게 학대를 받고 있는 자신에 대한 이미지를 형성할 수 있다. 결국 부모와의 관계를 통해 아이는 학대하는 대상표상과 학대받는 자기표상을 내적으로 형성한다. 이런 경우, 분석관계에서 분석가는 마치 내담자의 유아(유년) 시절 부모처럼 내담자를 학대할 수 있는 대상으로 그려질 수 있다. 그리고 자신에 대해서는 학대를 받아야 하거나 학대를

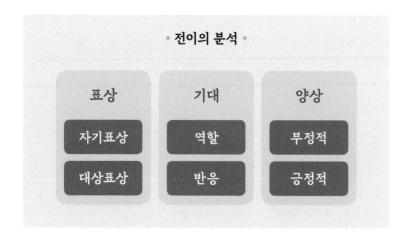

누구에게나
숨겨진 마음이 있다

받을 필요가 있는 존재로 이해할 수 있다. 이는 무의식적인 과정으로 성인이 되어서도 자동적인 관계 양상으로 나타난다.

이렇게 자기표상과 대상표상을 나눠서 전이를 이해하면 유익하다. 왜냐하면 분석관계에서 분석가에게 항상 대상표상이 전이되는 것은 아니기 때문이다. 무슨 말인가 하면, 분석가에게 때로는 자기표상이 전이되기도 한다는 이야기이다. 만약 내담자가 분석가는 자신의 문제를 깨끗하게 치료할 수 있다고 느끼는 경우, 그것은 내담자의 내적세계에 존재하는 '이상화된 대상표상'이 전이된 경우라고 말할 수 있다. 반면, 학대의 경험을 가진 내담자가 분석가를 형편없는 삼류 상담자라고 느끼며 치료가 전혀 도움이 되지 않을 것이라고 예상한다면, 그것은 내담자의 자기표상(학대받는 나)이 전이된 경우일 가능성이 있다. 물론 분석가가 실제로 삼류인 경우도 있을 수 있다.

2. 기대

'기대'는 말 그대로 전이 상황에서 상대방에 대해 갖게 되는 일정한 기대를 뜻한다. 전이를 통해 내담자는 분석가에게 일정한 역할을 부여한다(이에 대해서는 차차 설명하게 될 것이다). 그 역할을 수행해 줄 것을 무의식적으로 바라며, 특정한 반응을 요구한다. 따라서 분석가가 전이를 분석할 때 스스로에게 던질 수 있는 좋은 질문은 '전이 상황에서 내담자가 나(분석가)에게 어떤 역할이나 반응을 기대하는가?'이다.

3. 양상

전이는 긍정적인 전이와 부정적인 전이가 존재한다. 만약 분석가가 자신의 편이 되어 줄 것이라고 내담자가 느낀다면 이는 긍정적인 전이일 것이다. 그러나 분석가가 자신을 거절할 것이라고 느낀다면 이는 부정적인 전이일 것이다. 긍정적인 전이는 분석관계를 발전시키지만, 부정적인 전이는 분석관계를 방해할 수 있기에 분석가의 각별한 주의가 필요하다.

지금까지 이야기한 전이 구조를 통해 자신의 인간관계를 분석한다면 상당히 흥미로운 점들을 발견하게 될 것이다.

그럼 이제 구체적인 사례를 통해 위에서 설명한 전이 구조를 이해해 보도록 하자.

방해하지만 않으면 사랑받을 수 있어

일반적으로 학생들은 교수를 어려워한다. 학업수행 능력을 평가받고 평가하는 위치로 인한 자연스러운 결과인지도 모른다. 하지만 지나치게 교수를 어려워하거나 교수 앞에서 극도의 긴장감을 경험한다면, 이는 생각해 볼 문제이다.

하루는 연구실에서 컴퓨터 작업을 하고 있었다. 내 연구실의 컴퓨터는 벽을 향해 있다. 그래서 컴퓨터 작업을 할 때의 내 시선과 문의 방향은 90도를 이룬다. 그런데 어느 순간, 문 쪽에 가까운 내 눈동자에 검은 물체가 맺혀 있는 것을 감지했다. 놀라서 고개를 돌려 보니 한 학생이 서 있었다. 무척 놀란 나는 학생에게 물었다.

"왜 노크를 안 하고 들어왔니?"

"교수님 일하시는 데 방해될까 봐 노크를 약하게 했어요."

조심성이 많았던 그는 내가 거의 듣기 어려울 정도로 아주 살짝 노크를 했던 것이다.

내 정신분석 관련 수업을 듣고 있었던 그는 기말 과제로 내 준 자기분석 보고서에 어린 시절 대학교수였던 아버지와의 관계를 묘사했다. 퇴근 후 집에 온 아버지는 늘 방에서 공부에 열중했다. 아버지와 놀고 싶었던 아이는 노크를 하고 아버지 방으로 들어갔고, 그때마다 아버지는 집중이 깨졌다며 딸을 탓하듯 말했다.

"너는 아빠가 일하고 있는 게 보이지 않니? 아빠 일할 때는 방해하지 마라. 지금은 너랑 놀 수 없으니까 너도 공부해."

아이는 아버지가 다정하게 자신에게 말을 걸고 자신과 놀아 주길 바랐지만 늘 바쁜 아버지는 그렇게 해 주지 않았다. 이런 경험을 통해 아이에게는 원칙과도 같은 생각이 생기게 되었다. 바로 '큰 소리를 내거나 방해하지 않으면 아버지를 화나게 할 일은 없다'였다. 그리고 이것은 하나의 무의식적 신념으로 그의 안에 자리 잡았다. "상대방을 방해하지 않으면 거절당하는 일은 없을 거야."

그 학생은 노크 소리를 크게 내면 나를 방해하는 것이라고 느꼈다. 이것은 어린 시절 아버지와의 관계를 지금 나와의 관계에서 재연한 것이라고 말할 수 있다. 즉, 아버지에 대한 느낌으로 나를 대하는 것이다. 이것은 전이이다. 전이 구조에 따라 분석해 보면, 전이된 것은 대상표상이다. 아버지(대상)에 대한 느낌으로 나를 대하고 있기 때문이다. 또한 방해하면 상대방이 자신을 거부하고 짜증을 낼 것이라는 특정한 반응을 기대하고 있다. 상대방의 부정적인 반응을 예상하고 있기에 전이의 양상으로 보면 부정적인 전이이다. 실상 나는 그 학생을 거부하거나 그에게 짜증을 낼 의사가 전혀 없었다. 그럼에도 그 학생은 교수가 부정적인 반응을 보일 것으로 생각했다.

전이는 이렇듯 감정과 느낌을 수반한다. 그런데 이것은 대상에 대한 현실적인 이해를 가로막으면서 특정한 감정과 느낌을 불러일으켜 인간관계를 어렵게 한다. 위의 사례처럼 상대방이 나를 거절하고 거부할 것이라는 전이가 있다면, 관계에서 쉽게 불안과 두려움을 느끼게 된다. 그리고 그 불안정한 심리는 신체에 스트레스 반응을 일으킨다. 그러다 보니 인간관계를 회피하는 방어의 메커니즘이 생겨날 가능성이 높다. 더불어 이를 더욱 공고히 하기 위해 '나는 본래 내성적인 사람'이라는 자기 정체성을 가질 수도 있다.

_____

지금 저를 비난하시려는 거죠?

전이에서 불러일으켜지는 감정의 강도나 깊이는 사람마다 다르다. 미국에서 분석 수련을 받을 당시 한국계 미국인이었던 한 청년이 분석을 받을 수 있을지 연락을 했다. 나는 전화상으로 약속을 잡고 내 상담실을 알려 주었다. 이전에 나는 그를 만난 적이 없었다.

약속된 시각에 그가 나타났고, 친절하게 상담실로 안내해서 서로 자리에 앉았다. 그런데 그가 자신이 앉은 의자를 손으로 붙잡은 채 뒤로 물러나면서 내게 이렇게 말하는 게 아닌가.

"선생님, 왜 그런 식으로 쳐다보세요? 지금 저를 비난하시려는 거죠?"

평소에 인상이 부드럽다는 말을 많이 들었던 나로서는 무척 당혹스러운 순간이었다. 따뜻한 미소로 자리를 안내했건만 그는 내가 자신을 비난할 것이라고 예상하고 있었다. 이처럼 쉽게 다른 사람이 자신을 비난할 것이라고 느낀다면 그 인간관계는 어떻겠는가. 피로감을 넘어 극도의 긴장과 불안을 경험하게 될 것이다.

나는 그를 안정시킨 뒤, 상담실에 들어오면서 느낀 것을 이야기해 달라고 말했다. 그는 어렵지 않게 어린 시절의 경험을 떠올렸다. 어린 시절 그는 부모님과 함께 한국에서 살았는데, 그의 아버지는 조그만 슈퍼마켓을 운영했다. 슈퍼마켓은 상품이 진열된 공간과 주인이 거주하는 조그만 방으로 이루어져 있었다. 어느 날, 어떤 이유였는지는 기억나지 않지만 몹시 화가 난 아버지는 그 조그만 방에서 아이였던 내담자를 번쩍 들어 올려 바닥에 내팽개쳤다고 그가 이야기했다. 그는 상담실에 들어오면서 넓지 않은 상담실을 보았고, 그 순간 어린 시절 자신이 던져진 그 방을 무의식적으로 떠올렸다.

전이임이 분명해졌다. 공간의 유사성이 전이를 촉발시켰고, 그는 그 공간 안에 있는 분석가를 자신을 내팽개친 아버지로 이해하고 있었다. 어린 시절 아버지와의 관계가 지금 여기에서 전이되어 나타난 것이다. 분노하고 학대하는 아버지(대상) 표상이 내게로 옮겨졌다. 내담자는, 내가 그때의 아버지처럼 몹시 화가 나 있으며, 자신을 상담실에서 쫓아낼 것이라고 무의식적으로 예상하고 있었다. 상담자의 부정적인 반응을 예상하고 있으므로 부정적인 전이다. 이 정도의 전이라면 병리적인 수준이라고 말할 수 있다.

우리는 살면서 상대방이 내게 화가 났을 것이라고 예상하는 순간들을 만난다. 약속 시간에 늦어서, 준비해야 할 무언가를 하지 않아서, 중요한 사실을 잊어서 상대가 화났을 것이라고 생각한다. 충분히 가능한 이야기다. 그런데 화가 날 정도까지는 아닌 일에서 상대방이 화가 나 있을 것이라고 생각한다면 조금은 예민하다고 말할 수 있다. 문제는, 전혀 그럴 마음이 없는, 조금도 불편한 상황이 아닌 상태의 상대방에 대해 심한 긴장과 불안, 두려움을 경험하는 것이다. 이는 병리적인 수준의 전이라고 볼 수 있다.

사실 이 청년이 분석을 의뢰한 것은 시험에 대한 공포 때문이었다. 미국으로 유학을 와 학업에서 뛰어난 성과를 보인 그는 유명 로스쿨을 졸업하고 변호사 시험을 준비하고 있었다. 그런데 원서를 작성하려고만 하면 극도의 불안과 공포에 휩싸여 아예 시험에 지원을 할 수가 없었다. 행여나 시험에서 떨어지면 아버지가 몹시 화를 낼 것이라고 생각했기 때문이었다. 아버지의 가혹한 비난과 평가가 그에게는 넘지 못할 수준의 공포였다. 이런 과정은 무의식적으로 처리되고 있었고, 그래서 그는 이를 인식하지 못했다. 그런데 놀라운 것은 그가 그처럼 두려워하는 아버지는 이미 돌아가셨다는 사실이다. 그에게 분노를 퍼부을 대상은 더 이상 이 세상에 존재하지 않았다. 하지만 그 대상표상은 내담자의 내적세계에 깊이 자리 잡아 그의 마음을 여전히 지배하고 있었다.

자기표상, 곧 내담자 자신에 대한 이미지가 전이되는 경우도 많다. 다음의 아동분석 사례는 자기표상이 전이되는 경우에 해당된다.

뉴욕에서 아동분석을 수련할 당시, 한 아프리카계 미국인 소녀가 학습장애와 학교 부적응 문제로 상담이 의뢰되었다. 아동은 자신에 대해 지나치게 부정적인 느낌을 갖고 있었다. 스스로를 지탱해 줄 만한 자신에 대한 좋은 느낌이 없는 데에는 그녀의 피부 문제가 한몫했다. 선천적으로 과다색소침착(hyperpigmentation)이란 질환을 갖고 있는 그녀의 피부는 검은 부분과 덜 검은 부분으로 이뤄져 있었다. 이는 아이들의 놀림거리가 되었고, 심각한 자존감의 결핍으로 이어졌다. 자신에 대한 부정적 인식은 그녀를 쉽게 위축시켰고, 심한 패배의식을 갖도록 했다. 이로 인해 학교에서의 활동을 회피하려는 성향이 점점 강해졌고, 이는 자연스럽게 언어장애와 학습장애로 이어졌다. 그리고 이것은 또다시 자존감의 하락과 패배의식을 강화시켰다. 악순환이었다.

아동분석은 주로 놀이치료를 통해 진행된다. 이 아동은 주로 가정, 학교, 병원, 동물병원의 상황을 놀이로 연출하곤 했는데, 여기서 그녀의 역할은 엄마, 교사, 의사, 수의사였다. 아동은 내게 딸, 학생, 환자, 동물의 역할을 부여했다. 놀이에서 나타나는 일관된 주제는,

아동은 전지전능한 것처럼 비춰지는 권위자가 되고, 상담자인 나는 그에게 종속된 약자가 되는 것이었다. 그녀는 딸, 학생, 환자, 그리고 동물의 역할을 했던 나를 가혹하게 대하고 때로는 학대하기도 했다.

어느 날, 실로폰이 놀이치료실에 비치되어 있는 것을 본 아동은 음악 수업 시간을 연출했다. 그녀는 음악 교사가 되었고, 나는 음악 교사의 말에 주의를 기울여야 하는 학생이 되었다. 그녀는 한 손에 막대를 잡고 연주를 시작하더니, 곧 내게 이런 과제를 주었다.

"내가 실로폰을 연주하다가 C와 D를 반복해서 치면, 너는 C#과 D#을 반복해서 치도록 해."

선생님의 말투로 내가 해야 할 일을 알려 준 후 그녀는 실로폰을 연주하기 시작했다. 그녀의 지시는 학생이 된 내 마음을 초조하고 불안하게 만들었고, 그녀의 연주에 집중하도록 했다. 얼마쯤 지났을까. 그녀가 막대를 C로 옮기더니 D로 향하려고 했다. '이제 때가 되었구나' 생각한 나는 음악 선생님(아이)의 요청대로 C#과 D#을 반복해서 치기 시작했다. 하지만 그녀의 막대기는 D로 옮기는가 싶더니 이내 다른 곳을 향했다. 그녀는 연주하던 막대를 내려놓고는 신경질적으로 소리를 치며 말했다.

"뭐하는 거니? 조금 더 조심했어야지. 넌 기회를 잃었어. 여기서 나가 버려!"

이런 일은 그날만이 아니었다. 학교 놀이에서 늘 선생님 역할을 맡은 아이는 언제나 수행하기 어려운 과제를 학생인 내게 제시하곤 했다.

아동의 학교생활을 관찰할 기회가 있었는데, 그녀는 학습장애로 인해 특별교사가 일대일 수업을 진행해야 했다. 가르치는 것을 아이가 잘 이해하지 못하자 교사는 한숨을 쉬며 몇 번을 가르쳐야 하느냐고 말했다. 그 장면을 보면서 나는 놀이치료에서 반복적으로 나타나는 학교놀이의 의미를 깨닫게 되었다. 그녀는 그녀가 도저히 수행할 수 없는 과제 앞에서 느끼는 절망을 내게 전이시킨 것이다. 아동은 놀이를 통해서 자신이 학교에서 경험하는 괴로움을 내게 옮겨 놓고 내가 무기력과 절망감을 느끼는 역할을 수행할 것을 무의식적으로 요구했다. 이는 자기표상을 내게 전이시킨 것이고, 전이 양상으로는 부정적인 전이라고 말할 수 있다.

대상표상이 전이되는 경우에도 당혹스럽고 곤혹스러운 것은 사실이다. 그러나 거절당하고, 학대를 받는 내담자 자신에 대한 느낌과 부정적인 감정이 분석가에게 건네지는 것은 때로 견디기 힘들만큼 분석가에게 고통을 준다. 분석가들은 이런 전이를 '날카로운 것에 찔리는 것'으로 묘사한다. 분석가는 이 부정적인 감정을 잘 견뎌 낼 필요가 있다. 이는 무의식적으로 '너는 내가 당하는 일이 무엇인지, 그때 내 마음이 어떤지 느껴 봐야 해'라는 의미이며, 곧 공감을 요청하는 일이기 때문이다.

부정적인 감정의 쓰레기통

분석가와 내담자의 관계에서 부정적인 감정이 어떻게 옮겨지는지를 보여 주는 또 하나의 사례를 소개하려 한다. 자살과 자해 충동이 심해 상담을 의뢰했던 한 내담자는 감정의 기복이 무척 심했다. 이는 분석가에 대한 이상화와 평가절하라는, 양극단의 감정으로 나타났다. 그는 때로 "선생님이 이 분야에서 최고 전문가라는 것을 알아요. 저는 최고의 선생님께 상담받는 것을 영광스럽게 생각해요"라고 말하며 나를 이상화했다. 하지만 또 언제 그랬냐는 듯 다음 회기에는 나를 날카롭게 비난했다. "그렇게 다크서클이 코 밑까지 내려왔는데 어떻게 상담을 하신다는 거죠? 상담자로서 준비가 안 되신 것 같아요."

나에 대한 내담자의 평가절하와 공격이 계속 이어지던 어느 날 밤, 내담자는 내게 전화를 해서 이렇게 말했다.

"선생님, 저 지금 마포대교에 나와 있어요. 선생님이 오늘 상담을 제대로 못해 주셔서 전 오늘밤 죽을 거예요. 선생님은 내일 아침 제가 죽은 것을 보고 평생 죄책감에 시달리며 살게 될 거예요."

마른하늘에 날벼락을 맞은 기분이었다. 내 하루 중 가장 평안한 시간에 걸려온 그 전화는 내 평안과 쉼을 한순간에 깨뜨렸다. 분석가로서 나 자신에 대한 부적절감, 내담자가 죽을지도 모른다는 불안과 두려움, 위협적인 말에 의한 무기력감, 평화로운 마음을 깨트린 것에 대한 분노 등 온갖 부정적인 감정의 종합선물을 받은 느낌이었다.

그러나 이런 순간에 분석가는 감정에 휩쓸려서는 안 된다. 분석가는 이 부정적인 정서가 어디에서 비롯된 것인지 성찰해야 한다. 이 부정적인 정서는 실제로 내담자와 깊은 관련을 갖고 있는 것들이었다. 이른 시기에 부모를 잃은 내담자는 고모와 고모부의 심한 통제와 엄격한 지도 아래 양육되었다. 중요한 대상(고모, 고모부)으로부터 사랑받기 위해서 그는 외부 대상(고모 내외)의 통제와 지도에 전적으로 순응해야 했고, 그들이 보이는 반응으로 인해 수치심과 자신에 대한 부적절감을 경험했다. 그럼에도 그 대상들마저 사라지면 완벽한 혼자가 된다는 불안과 두려움에 그 어떤 항변도 할수 없었다. 지독한 무기력감이었다. 그는 유년 시절 자신이 경험한 이런 부정적인 정서들을 분석관계에 있는 내게로 옮겨 놓았다. 이는 자기표상의 전이로, 유년 시절 수치심, 무기력감, 불안과 공포 등을 느꼈던 자신의 역할을 분석가가 떠맡도록 만들었다. 한마디로 나는 내담자의 감정 쓰레기통이 되어 버렸다.

뉴욕에서 정신분석 수련을 받는 동안 아동 사례에 대한 슈퍼비전을
받기 위해 알란손 화이트 정신분석 연구소 부회장이었던 아동 분석
가 하버만(Skye Haberman)을 찾아간 적이 있다. 나는 첫 회기에 그
녀가 했던 말을 잊지 못한다.

"아동 분석가는 목 베임을 당하고 화형에 처해지고 매 맞아 수
장당하는 존재입니다."

이 무시무시한 이야기가 실제 놀이치료 중에 자주 나타나는 놀
이 주제라는 것은 이후에 알게 되었다. 아동은 자신이 경험한 부정
적인 정서들을 놀이에 전이시킨다. 이때 분석가는 일종의 감정 쓰
레기통 역할을 한다.

그런데 정신분석 역사에서 이런 무의식적 역동이 치료의 핵심
적인 과정으로 부각되기 시작했다. 자아의 강도가 약한 아동은 부
정적인 정서를 소화하고 다룰 만한 능력이 없다. 따라서 유아(유년)
시절에 부정적인 감정을 경험하게 되면, 그중 해결되지 못한 감정
은 평생 갖고 살아야 한다. 이를 '분열'이라고 부른다. 소화시킬 수
없는 감정들을 마음 한구석에 나누어 놓아, 무시하고 건드리지 않
음으로 해결하려는 것이다. 이런 과정에서, 개인의 성격에 소위 '모
가 난 부분'이 형성된다. 그리고 분석관계 안에서 이 분열시켜 둔

소화되지 못한 감정들을 분석가에게 떠넘긴다. 물론 분석가에게만 그러는 것은 아니다. 다른 인간관계에서도 부정적인 감정을 떠넘기는 투사는 종종 일어난다. 이런 과정을 이해하지 못하는 상대방은 이를 다루지 못할 뿐 아니라 버겁게 느낄 수 있다.

그러나 분석가는 훈련받은 성인이다. 따라서 떠넘겨진 부정적인 정서들을 분석관계에서 잘 소화시키고 다루게 된다. 그리고 내담자에게 잘 돌려준다. 이처럼 내담자의 부정적인 것을 받아내 이를 수정시켜 돌려주는 과정이 치료를 위한 의사소통이다. 이런 과정을 거쳐 내담자에게 정서적인, 성격적인 변형이 일어난다. 이 무의식적 과정에서 내담자는 다음과 같은 태도를 지닌다.

"내 문제를 잘 다뤄 보시죠. 쉽지 않을 걸요. 내가 얼마나 힘든지 당신은 알게 될 겁니다."

무의식적인 이런 요구에 분석가는 좋은 것을 돌려 줄 힘이 있는 존재여야 한다. 이 과정을 '투사적 동일시'라고 부른다. 이것에 대해서는 이후에 구체적으로 살펴보게 될 것이다.

마음속 어린아이를 만나는 일

전이에 대한 설명을 시작하며, 정신분석은 '전이를 통한 치료'라고 불릴 만큼 정신분석 치료에서 전이는 중요한 위치를 차지한다고 이야기했었다. '전이를 통한 치료'라는 것은 무엇보다 심리적 증상이 인간관계에서 비롯된 것임을 보여 준다. 또한 전이를 통해 나타난 유년 시절의 대인관계에 심리적 증상을 완화시키고 회복시키는 단서가 있다는 것을 보여 준다. 이를 이해하는 것은 정신분석의 핵심을 이해하는 것이라고도 말할 수 있다. 전이를 통해 나타난 인간관계가 수정되거나 변형되어야 증상은 감소한다.

앞에서 제시한 사례들을 통해 이를 설명해 보자. 갑작스런 공포 반응이 신체에서 일어나 변호사 시험 원서를 작성할 수 없었던 내담자를 기억하는가? 그는 나를 처음 만났을 때 내가 자신을 비난한다고 느꼈다. 이는 유년 시절 가혹하게 자신을 비난하고 학대했던 아버지와 깊은 관련이 있다. 그의 신체에서 나타나는 공포 반응은 바로 이 대상표상에서 비롯된 것이다. 분석가는 이 전이를 다뤄야 한다. 분석가가 유년 시절의 아버지와는 다른 존재임을 분석관계를 통해서 입증해 보여 줘야 한다. 그리고 궁극적으로는, 내담자를 비난하고 잔인하게 다루는 내적인 대상표상이 얼마나 내담자를 힘들게 하고 있으며, 자신을 파멸로 몰고 있는지를 보게 하여 삶의 방식에 변화를 가져오게 하는 것이다. 곧, 마음속 아버지의 목소리와 맞설 용기를 갖고 자신을 진심으로 존중하고 사랑하도록 만드는 것이 정신분석의 목표이다. 그런데 내 경험에 비추어 보면, 이 입증의 과정은 대단히 고단하다. 집요하고 완고하게 유년 시절의 대인관계를 반복하려는 내담자 무의식과의 힘겨루기이기 때문이다.

전이를 통한 치료는 또 다른 중요한 의미를 가진다. 바로 전이를 통해서 내담자는 자신의 어린 시절 모습을 드러내 보이게 된다는 것이다. 전이 가운데 드러난 이 아이는, 그 시절 해소되지 못한 감정과 느낌을 갖고 있는 아이다. 이 아이는 여전히 내담자 안에서 지금의 인간관계를 어렵게 하거나 여러 증상을 일으키는 요인이 된다.

어린 시절, 어머니를 힘들게 하는 아버지를 보면서 어머니를 구출하고 싶다고 느꼈던 한 내담자가 있었다. 그는 성인이 되어서 어려움에 처해 있는 여자들과 연인 관계를 이어 갔다. 그는 도움이 필요한 여성에게 끌렸다. 어려움이 없는 여성에게는 매력을 느끼지 못했다. 어머니를 구출하고 싶었던 아이의 감정이 성인이 되어서도 사라지지 않고 남아 있는 것이다.

노크를 들릴 듯 말 듯 했던 나의 학생은 방해만 하지 않으면 거부당하지 않을 것이라는 유년 시절의 경험으로 나를 대했다. 내가 자신을 비난한다고 보았던 내담자 또한 학대하는 아버지 앞에 선 어린 자녀의 느낌을 분석실로 옮겨 놓았다. 바람직한 행동을 해야 아버지에게 인정받을 수 있었던 또 다른 내담자는 분석관계에서도 내게 칭찬을 받기 위해 늘 자신의 선행을 이야기했다. 이 모든 사례에서 전이가 나타났다. 그리고 그 전이 속에서 내담자들은 자신의 마음속에 있는 아이를 드러내 보여 주었다.

몸은 자라 성인이 되었지만 여전히 마음속에는 웅크린 아이가 있다. 그 자라지 못한 아이는 놀랍게도 내담자들의 무의식적 심리 세계를 지배하고, 때로 지금의 인간관계를 어렵게 만든다. 쉽게 무시당했다고 느끼거나, 현실적이지 못한 불안과 공포, 두려움을 유발시키는 원인이 되기 때문이다.

정신없음과 분주함의 문제를 호소하는 한 내담자가 있었다. 그녀는 늘 일주일을 미리 계획하고, 그 계획대로 살았다. 그리고 남편과는 끊임없이 말다툼을 했다. 그야말로 정신없이, 쉼 없이 살았던 이 내담자는 분석 과정에서 삶도 어느 정도 규모 있게 단순해졌고, 남편과 사이도 좋아졌다. 그런데 예상하지 못한 일이 벌어졌다. 삶이 단순해지자 급격하게 마음이 나빠진 것이다.

"남편과의 사이도 좋아졌고 말씀하신 대로 삶도 단순하게 했어요. 그런데 제 마음이 뻥 뚫린 것 같아요. 마음이 텅 빈 기분이에요. 역시 저는 정신없이 살아야 해요."

성숙하게 보였던 그녀에게서 어린아이가 나타난 것이다. 그녀 안에는 분주하지 않으면 외롭고 소외될 듯한 느낌에 사로잡힌 아이가 있었다. 불의의 사고로 부모를 잃은 내담자는 갑작스런 상실과 외로움을 이겨 내기 위해 정신없이 사는 방법을 선택했다. 정신없이 길을 걷기도 하고, 사람들과 어떤 관계든 맺는 등 매우 분주한 삶을 살았다. 분주함과 정신없음은 내면의 공허함과 외로움을 달래기 위한 방어적인 수단이었다. 그렇게 살아야 마음이 뻥 뚫린 듯한 느낌, 외로움과 소외감으로부터 자신을 지킬 수 있었다.

정신분석은 이렇게 전이 속에 드러난 아이를 다루고 만지는 일이다. 물론 그 아이를 다루는 일은 쉽지 않다. "이제는 쉼을 가지세요. 뭘 그리 분주하게 살려고 하세요", "외롭다고 느끼지 마세요. 남편도 있고 자녀도 있잖아요", "수업 시간에 책 읽는 게 뭐가 떨려요. 심호흡 크게 하고 읽어 보세요", "여자 친구와 헤어졌다고 세상 끝난 것처럼 슬퍼하는 건 좀 그래요. 자! 우리 힘을 냅시다!", "다시 한 번 해 봐요. 할 수 있어요. 파이팅!" 참 좋은 말들이다. 그러나 전이 속에 나타난 아이를 다루고 만지는 데에는 서툴고 부적절한 말이다. 그 아이는 언제든 깨어지기 쉬운 유리그릇과 같은 상태다. 조금만 부딪혀도 금이 가거나 깨져 버릴 수 있다. 분석가의 주된 임무는 삶의 문제를 빨리 해결하도록 내담자를 독려하는 것이 아니라, 전이 속에 나타난 아이에게 적절한 만족을 제공하고, 그 고통과 슬픔, 좌절을 충분히 확인하고 알아주는 일이다. 이런 과정을 거쳐 마음속 아이는 성숙해져 간다. 이것은 중요한 부분이기에 다시 다루게 될 것이다.

전이 속에 나타난 아이를 다루는 일이 '분석가의 주된 임무'라고 이야기했지만, 사실 이 일은 쉽지 않다. 왜냐하면 분석가의 역전이 때문이다. 전이는 내담자에게만 일어나는 것이 아니다. 분석가에게도 일종의 무의식적 전이 현상이 나타나게 되는데, 이를 내담자의 것과 구분하기 위해 '역전이'라고 부른다.

1. 최근에 새롭게 만난 사람이 있습니까? 그 사람의 첫인상은 어땠나
   요? 그 첫인상은 그 사람의 진면목에 대해 이야기해 주고 있을까
   요, 아니면 나의 주관적인 느낌일까요? 주관적인 것이라고 느껴진
   다면, 나의 어떤 경험에서 비롯된 느낌이라고 생각하나요?

2. 가까운 사람들에게 기대하고 요구하는 반응이 있습니까? 그 기대
   가 내 삶의 경험과 관련이 있습니까? 관련이 있다면 어떤 경험과
   관련이 있나요?

3. 나는 사람들에게 충분히 사랑받고 존중받을 것이라고 생각합니
   까, 아니면 사람들이 나를 알게 되면 나를 버리거나 거절할 것이라
   고 생각하나요? 전자든 후자든, 그 생각의 근거는 무엇입니까?

느낌은 중요한
정보를 담고 있다

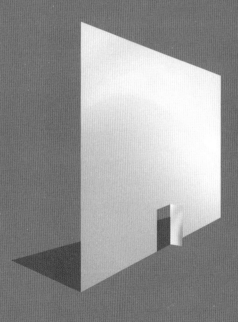

_역전이

분석가도
사람이다

중요한 시험을 앞두고 있는 사람을 만났다. "내가 잘 볼 수 있을까?" "합격할 수 있을까?" "실수하면 어쩌지?" 계속 물으며 불안을 호소하는 사람과 대화하다 보면, 어느새 나의 불안까지 건드려지게 된다. 영 불편하다. 덩달아 긴장한 마음으로 우리는 "시험 잘 볼 거야", "합격할 거야"라는 격려와 응원의 말을 건넨다. 그런데 여기에는 그 불안에 공감하는 것과 동시에 나를 그 불안과 거리 두기 위한 무의식적인 의도도 있다.

이처럼 짧은 시간이라고 해도 극도의 불안감을 안고 있는 사람과의 만남은 내 안의 어떤 부분을 건드린다. 그러니 마음의 문제를 가지고 있는 사람과 지속적인 만남을 가지는 분석가는 어떻겠는가.

분석가의 느낌

전이가 내담자가 분석가에 대해 갖는 느낌이라면, 역전이는 분석가가 내담자에 대해 갖는 느낌이다. 아무리 훈련을 오래 받고, 인간의 감정과 분석관계에서 오고 가는 역동을 잘 이해하는 분석가라고 해도, 내담자에 대한 느낌을 갖는 것은 지극히 당연한 일이다. 어떤 내담자와의 관계에서는 지루함을 느낄 수 있고, 때로는 불안감에 휩싸이기도 하며, 어떤 경우에는 무기력과 우울감이 분석가의 마음을 지배한다.

역전이는 크게 두 가지로 나눌 수 있다. 하나는 분석가 자신에게서 온 것으로, 분석가의 해결되지 못한 갈등이 분석관계에 드리워지는 경우이다. 예를 들어, 본래 불안이 높거나 우울감이 있는 분석가는 누구를 만나도 불안과 우울을 경험할 수 있다. 다른 하나는 내담자에 의해 유발된 것으로, 내담자의 특징이 전해지는 경우다. 심한 불안을 가진 내담자로 인해 불안이 촉발된다거나 자신은 무슨일도 할 수 없다고 주장하는 내담자에게서 답답함을 느낀다든가 하는 것이다.

이 두 가지 역전이를 살펴보는 일이 최근 정신분석에서 중요해졌다. 그 안에 분석가와 내담자에 대한 중요한 정보가 담겨 있기 때문이다. 만약 분석가에게서 비롯된 역전이라면 분석가 본인을 이해하는 데 중요하고, 내담자에 의한 것이면 내담자를 이해하는 데 핵심적인 역할을 하게 될 것이다. 따라서 분석가가 자신의 느낌과 감정을 살피는 일은 치료에서 중요한 작업이다. 이것은 정신분석에서 아주 중요한 전환점이 되었다.

누군가와의 관계에서 경험되는 감정을 생각하며 이번 장을 읽기를 권한다. 상대나 나 자신에 대한 새로운 사실을 발견하게 될 것이다.

분석가에게서 기인한 역전이

내담자와 사랑에 빠질 것 같아요

먼저, 상담자의 해결되지 못한 갈등이 일으키는 역전이를 살펴보자. 프로이트는 역전이를 '분석가가 아직 해결하지 못한 내적 갈등을 보여 주는 것이기에 극복해야 할 문제'로 이해했다. 그는 분석가가 내담자에 대한 감정이나 느낌을 자제해 빈 종이 같은 마음 상태를 유지할 때 치료가 잘 일어난다고 보았다.

그러나 오늘날 정신분석은 역전이를 중요하게 생각한다. 그것은 더 이상 극복해야 할 문제가 아니다. 오히려 역전이는 분석과 상담 장면에서 내담자를 이해하는 수단이자, 나아가 치료적인 수단이 된다. 다시 말해, 내가 누군가와의 관계에서 경험한 감정은 상대방이 누구인지를 보여 주며 나아가 상대방을 변화시킬 수 있는 단서가 된다. 하지만 분석가 자신이 해결하지 못한 내적인 문제로 생겨난 역전이를 이야기할 때는 프로이트의 충고를 깊이 생각할 필요가 있다.

'성애화 역전이'라는 게 있다. 분석가가 내담자에게 사랑의 감정을 느끼는 것이다. 내담자가 도움을 제공하는 분석가에게 애정을 느끼고 그를 이상화하는 것은 지극히 정상적인 전이이다. 그런데 분석가가 이를 오인해서 내담자가 자신을 사랑한다고 착각하는 경우가 생긴다. 이때, 상담실이 아닌 곳에서 상담 약속을 잡거나 문자 메시지를 통해 분석 시간이 아닌 때에 사적인 이야기를 나눌 수 있다. 돌봄을 베푸는 위치에 있는 사람이 자주 빠지는 역전이 중에 하나가 바로 이것, 돌봄을 받는 사람에 대한 각별한 애정과 사랑이다. 그런데 이를 자세히 들여다보면 분석가의 해결되지 못한 내적 갈등을 발견할 수 있다.

정신분석 수련에서 이 문제는 매우 중요하게 다뤄진다. 그리고 이런 질문이 자주 던져진다. "혹시 이상형의 내담자가 분석을 요청하면 당신은 어떻게 할 것인가?" 나 또한 수업 시간에 동일한 질문을 던진다. 여러 가지 답변이 있을 수 있겠지만, 가장 좋은 것은 그 내담자에게 다른 분석가를 소개해 주는 것이다. 왜냐하면 이상형의 내담자는 분석가의 해소되지 못한 갈등을 자극할 수 있기 때문이다.

성적인 끌림과 연관된 내적인 갈등을 분석가가 잘 정리하지 못한 경우나 내담자가 분석가의 어린 시절 부모와의 관계에서 해소되지 못한 어떤 감정을 자극하는 경우, 분석은 아주 어려워질 수 있다. 예를 들어, 아버지에게 괴롭힘을 받는 어머니를 돕지 못한 것에 죄책감을 가지고 있는 남성 분석가는 곤경에서 헤어 나오지 못하는 여성 내담자에게 성적으로 끌릴 수 있다. 같은 맥락에서, 우울증과 무기력으로 자녀에게 애정을 제공할 수 없었던 아버지에 대한 양가감정을 가진 여성 분석가는 우울증을 호소하는 남성 내담자에게 묘한 성적 매력을 느낄 수 있다.

한 부부의 갈등

사실 전이와 역전이는 분석가와 내담자 사이에서 일어나는 역동을 묘사하기 위한 개념이지만, 이는 일상의 관계에서도 얼마든지 적용할 수 있는 유익한 개념들이다. 나는 상대방을 어떻게 느끼고 그에게 무엇을 요구하고 기대하는지, 상대방은 나를 어떻게 느끼고 내게 무엇을 요구하는지, 그리고 이 역동 속에서 어떤 갈등이 빚어지는지 생각해 볼 수 있다.

한 부부가 나를 찾아왔다. 이 부부는 말다툼을 하지 않고 하루를 지나는 일이 없을 정도로 사이가 좋지 않았다. 남편은 집안 살림에 대한 확고한 원칙을 갖고 있었고, 아내가 그것을 따라 주기 원했다. 하지만 아내는 그런 원칙이 숨 막혔다. 질서를 세우고 지키며 살아가는 것이 그녀에겐 행복이 아니었다. 아내는 남편이 지나치게 통제적이라고 느꼈다.

나는 이들 각자의 원가족을 살펴보면서, 두 사람이 매우 다른 환경에서 자란 것을 알게 되었다. 남편은 어린 시절 어머니의 방만한 살림살이를 보며, 나는 결코 저러지 않을 것이라 다짐하며 자랐다. 반면 아내는 자신의 일거수일투족을 지나치게 통제하던 아버지로 인해 불우한 어린 시절을 보냈다. 이 부부는 각자 해결하지 못한 부모와의 관계로 인해 서로에 대한 강한 역전이에 휩싸이게 되었다. 그로 인해 아내는 규모 있고 체계적으로 삶을 꾸리는 남편의 장점을 보지 못했고, 남편은 유연성을 갖고 삶에 적응하는 아내의 장점을 보지 못했다.

이렇듯 역전이는 상대방을 있는 그대로 받아들이는 데 어려움을 가져온다. 만약 돌봄을 제공하는 사람이 역전이에 휩싸이게 되면 바른 돌봄에 방해가 될 수 있다. 다음 사례가 그 예이다.

부모를 몰아세운 놀이치료사

나에게 슈퍼비전을 받는 한 놀이치료사가 자신이 돌보는 한 아동의 사례를 보고했다. 지나치게 통제하고 억압하는 부모에게 양육되는 아동에 대한 것이었다. 그의 부모는 모두 초등학교 교사였고, 아동은 어머니가 근무하는 학교에 다니고 있었다. 이런 경우, 어머니가 뭐라고 하지 않아도 아동은 바르고 착한 어린이가 되어야 한다는 압박을 느낄 수 있다. 행여나 어머니의 동료 선생님들이 자신을 흉보지는 않을까 지나치게 걱정을 할 수도 있다. 그의 상황이 아동 자신과 외부 대상에 대한 잘못되고 왜곡된 느낌을 형성할 수 있기 때문이다. 실제로 이 아동은 지나치게 자신의 감정을 억제하고 통제한 탓에 대인 관계에서 지나친 긴장과 불안을 경험할 수밖에 없었고, 그래서 치료에 의뢰되었다.

놀이치료사는 아동을 지극정성으로 돌보며 아이의 편이 되어주었다. 아동은 놀이치료사와 쉽게 신뢰관계를 형성했고, 또한 놀이치료 오는 것을 즐거워했다. 그런데 나는 놀이치료사가 아동의 부모를 지나치게 꾸짖는다는 인상을 받았다. 그는 부모의 양육 태도가 잘못되었다고 지적했다. 마치 아동과 한편이 되어 부모와 대립하는 것처럼 보였다. 평소 부모들에게 친절하고 부드럽게 지도하는 치료사였기에 나는 이 부분에 대해 언급했다.

"선생님, 이 사례에서는 선생님이 아동의 부모를 몰아세운다는 느낌이 듭니다. 어떻게 생각하세요?"

그러자 치료사는 눈시울을 붉히며 말했다.

"사실은 저의 부모님이 교사셨어요."

놀이치료사는 아동의 부모에게 역전이를 갖고 있었다. 치료사의 어린 시절 해소되지 못한 부모와의 갈등을 지금 자신의 사례로 갖고 온 것이다. 현재 치료사가 만나는 부모는 치료사의 부모가 아니다. 그들은 완벽하게 다른 존재들이다. 아동의 부모는 치료사의 부모와 다른 성격, 다른 성향, 그리고 다른 자원과 능력을 갖고 있다. 하지만 치료사는 자신이 어린 시절에 부모님께 가졌던 느낌으로 아동의 부모를 대하고, 동시에 아동을 마치 자신의 일부처럼 경험했다. 어린 시절, 자신을 통제하고 억압하는 부모로 인해 갖게 된 상처와 고통을 이 아동이 갖고 있을 것이라고 무의식적으로 경험하고 있는 것이다.

이러한 상태에서 분석이 진행될 경우, 분석은 효과를 거두지 못할 수 있다. 왜냐하면 아동과 그 부모가 갖고 있는 독특한 차원과 거기에서 나오는 그들의 능력과 자원을 제대로 평가하지 못할 수 있기 때문이다. 그런 점에서 분석가의 해결되지 못한 내적 갈등은 해결되어야 한다.

구원해 주고 싶어요

분석가의 해결되지 못한 갈등으로 인한 역전이는 내담자를 구원해 주고 싶은 지나친 애정과 관심으로도 나타난다. 어떤 분석가는 내담자들을 지극정성으로 돌본다. 커피를 끓여 주고, 때로는 손을 맞

잡고 종교적인 기도 행위를 하며, 포옹과 같은 신체적인 접촉도 한다. 심지어 경제적인 지원을 해 주는 상담자도 있다. 그러나 이것은 분석과 상담에서 득이 되기보다 어려움을 유발한다고 보는 것이 일반적인 견해이다. 분석가들은 이를 '구원환상 역전이'라고 부른다.

이러한 행위들은 만족스런 돌봄과 관심을 받지 못한 분석가의 어린 시절 경험을 반영하는 것일 수 있다. 쉽게 말해, 따뜻한 돌봄을 원하는 자신의 무의식적인 감정 표현으로 마치 자신을 돌보듯 내담자를 돌보는 것이다. 또한 이는 내담자를 자신의 통제와 제어 아래 두고자 하는 무의식적인 행동이기도 하다. 내담자를 자신의 돌봄 아래 묶어 두기 위한 일종의 무의식적 책략이 될 수 있다는 이야기다. 따라서 과도한 친절과 관심을 보이는 사람은 일단 주의할 필요가 있다. 이 같은 반응과 태도를 지속적으로 경험하게 되면, 내담자는 상대방에게 성숙한 의존을 할 기회를 상실하게 되고 유아적인 의존 상태에 머물러 있게 된다.

분석가는 일반적으로 내담자에게 친절하다. 그러나 오해하지 말아야 한다. 정신분석은 분석가가 내담자를 좋게 대해 주거나 내담자의 요구를 들어줘서 치료가 일어나는 것이 아니다. 이는 모든 인간관계에 통하는 진리이다. 우리가 상대방을 그저 좋게만 대한다면, 거기에는 우리가 생각하지 못한 역전이가 숨겨져 있을지 모른다. 어떤 사람이 너무나도 좋은 나머지 그/그녀를 내 옆에 두기 위해 상대의 모든 요구에 '예스'를 하고 온 정성을 기울이면 이 관계의 끝은 어떻게 될까? 상대가 떠나 버리는 경우가 빈번하다. 과도한 친절과 관심으로 드러나는 우리의 역전이가 때에 따라 상대방을 숨막히게 하거나 부담스럽게 만들 수 있다.

돌봄을 제공하는 사람은 자신의 해결되지 못한 내적 갈등이나 문제 영역에 대해 바른 이해를 가질 필요가 있다. 사람은 누구나 나이가 들면서 돌봄을 제공하는 자리, 곧 분석가와 유사한 위치에 있게 된다. 그런데 이때, 돌봄을 제공하는 사람에게 있는 해결되지 못한 내적 갈등과 문제는 무의식적인 과정을 통해 돌봄을 받는 사람에게 전수된다. 부모의 불안과 우울, 내적 갈등의 문제가 전이의 과정을 통해 자녀에게 옮겨 간다는 이야기다. 그렇기에 정신분석에서 이야기하는 역전이 성찰은 모든 이에게 적용해 볼 수 있다.

내담자에 의해 비롯된 역전이

나 좀 위로해 달란 말이에요

이 역전이는 내담자의 독특한 성격 구조에 의해 유발되는 것으로, 분석가의 성격이나 삶의 경험과는 비교적 무관하다.

2장에서 언급한 사례로 돌아가 보자. 내 내담자는 평안한 밤 시간을 보내야 했던 나에게 전화를 걸어 다리에서 뛰어내리겠다고 말하며 상담에 대한 불만을 극단적으로 표현했다. 그 전화 한 통으로 내 마음은 소용돌이치기 시작했다. 혹시 내담자가 나쁜 선택을 하면 어쩌지, 왜 이 시간에 전화를 걸어 사람을 힘들게 하는 거지, 도대체 내가 뭘 잘못했길래 이러지 등 다양한 생각과 감정이 나를 괴롭혔다. 이것이 내담자에 의해 유발된 역전이다. 내담자의 이런 충동적인 성향은 그가 일상에서 만나는 주변 사람들에게도 그날 밤 내가 겪은 감정들을 경험하게 했을 거라고 충분히 예상할 수 있다.

정신분석은 내담자에게서 비롯되는 역전이에 주목했다. 분석가의 마음에 돌을 던지듯 파장을 일으키는 이런 역전이가 무엇을 의미하는지, 그것이 치료에 어떤 의미를 가지는지 살피기 시작했다. 그리고 이 유형의 역전이를 분석가가 잘 다루는 것이 매우 중요하다는 것을 인식하게 됐다.

분석관계에서 흔하게 나타나는 내담자에 의해 유도되는 역전이 사례를 몇 가지 살펴보자. 나의 한 내담자는 분석 첫 회기부터 울기 시작했다. 나는 하염없이 눈물을 흘리는 그녀 앞으로 테이블 위에 있던 티슈 통을 조용히 밀었다. 그녀에게는 가슴 아픈 사건들이 너무 많았다. 자신을 홀로 키우던 어머니가 불의의 사고로 세상을 떠나고, 오빠와 함께 기관으로 가 어떻게 양육되었는지에 대한 이야기는 나로 하여금 깊은 연민을 느끼게 했다. 이후 회기에서도 그녀는 하염없이 눈물을 흘렸을 뿐만 아니라, 어느 땐 아이처럼 엉엉 소리를 내며 울면서 자신의 불행했던 과거를 이야기했다. 이런 장면은 매번 반복됐다.

상담을 받으러 온 사람이 상담자 앞에서 눈물을 흘리는 일은 흔하다. 우리 삶이 쉽지 않음을 우리 모두 알고 있기에 눈물이 나는 것을 충분히 이해한다. 그럼에도 지나치다 싶을 정도로 흘리는 눈물과 소리 내어 터뜨리는 울음은 상담자를 압도하게 된다. 단순히 휴지를 건네는 것만으로 충분할지, 아니면 눈물을 닦아 주거나 기도라도 해 주면서 토닥여 줘야 하는 것은 아닌지 생각하도록 만든다. 아무것도 하지 않은 채 그저 내담자를 바라보기만 하는 것에 불안을 느끼게 만드는 것이다. 이 같은 불안함은 이런 내담자와의 관계에서 흔히 경험할 수 있는 역전이로 내담자에 의해 불러일으켜진 것이다.

정신분석은, 분석가로 하여금 눈물을 닦아 줘야 할 것 같은 부담감을 갖게 하는 내담자에 대해 관찰했다. 불쌍한 사람이 되지 않고서는, 자신에게 슬프거나 고통스런 사건이 일어나지 않고서는 위로와 돌봄을 받지 못할 것이라고 무의식적으로 느끼는 사람들이 있다. 분석가들은 이 같은 성향을 '피학적인 성격 구조'라고 불렀다. 이런 성향의 사람은 정상적인 상황이나 관계에서 자신은 돌봄을 받지 못할 것이라고 생각한다. 그래서 자신에게는 늘 불행과 슬픔

이 따라다녀야 할 것처럼 느낀다. 위의 사례에서의 내담자가 그랬다. 이때 분석가가 연민을 일으키는 내담자에게 과한 위로와 돌봄으로 반응한다면, 내담자의 무의식적 소원을 고착시키는 결과를 가져온다.

너무 지나친 판단이 아니냐고 이야기할 수 있다. 하지만 일상적인 따뜻함과 친절함이 아닌 과한 반응을 불러일으키는 역전이는 분명 생각해 봐야 한다. 상담실 안에서뿐만 아니라 일상에서도 깊은 연민을 불러일으켜 과한 돌봄을 기대하거나 예상하는 사람들이 있다. 무엇인가를 해 줘야 할 것 같은 마음에 쉽게 수긍해 과한 돌봄으로 그들을 대한다면, 그들은 변화될 기회를 잃어버리게 한다. 위의 사례에서 나는 티슈 통을 내담자에게 건네주었을 뿐 그 이상의 반응은 하지 않았다. 그리고 나는 내담자에게 결국 한소리를 들어야 했다.

"선생님은 냉혈한이에요. 눈물을 이렇게 흘리는데 어쩜 눈물 한 번 닦아 주지 않으세요?"

이 내담자는 자신이 눈물을 흘릴 때든지 그렇지 않을 때든지 분석가가 자신에게 고른 관심을 갖고 있다는 것을 알아야 한다.

내 이야기 잘 따라오고 있나요?

분석 수련 당시 자신의 이야기를 쉴 틈 없이 쏟아붓던 내담자가 있었다. 분석가는 듣는 사람이다. 따라서 내담자의 이야기를 잘 경청해야 한다. 하지만 쉴 틈 없이 말하는 내담자에게 귀를 열고 있다 보면, 어느 순간 압도되는 듯한 느낌에 사로잡힌다. "내 이야기 잘 듣고 있지요? 따라오고 계신 거죠?"라고 중간에 묻기라도 하면 분석가는 더 강한 압박을 받는다.

그는 회사에서 상사에게 시달림을 받고 있었다.

"선생님, 저는 회사 모든 사람들에게 사랑을 받아요. 사장님, 부사장님, 전무님, 이사님, 부장님 모든 분들이 저를 칭찬하세요. 저 아니면 회사가 돌아가지 않을 거라고까지 말씀하시면서요. 그런데 제 바로 위 상사만 안 그래요. 얼마나 열등감에 시달리는지 저를 볼 때마다 괴롭혀요. 얼마나 못났으면 저같이 일 잘하는 사람을 괴롭히는지…."

그는 아주 빠른 속도로 내게 말했다. 빈 여백 없이 내게로 향하는 이야기는 마치 거대한 산이 내 앞으로 무너져 내리는 것처럼 느껴졌다. 나는 도무지 비집고 들어갈 틈을 발견할 수 없었다. 이후 계속된 회기에서도 내담자는 같은 이야기들을 쏟아냈고, 그 결과 나는 자꾸만 찾아오는 졸음을 이겨 내느라 힘든 시간을 보내야 했다.

분석가가 개입할 여지를 주지 않고 자신의 이야기를 쏟아내는 사람과의 관계에서 분석가는 '졸음'이라는 역전이를 경험한다. 이 또한 정신분석 역사에서 자주 언급되는 역전이다. 졸음을 이겨 내기 위해 분석가는 이른 아침이나 저녁에 내담자를 만나 보고, 잠을 많이 자 보기도 하지만 졸음을 이겨 내기 힘들다고 호소하는 사례들이 많다.

일상적인 관계에서 자신의 이야기만 주구장창 늘어놓는 사람이 있다고 가정해 보자. 처음 몇 번은 들어 주지만, 그 사람과의 관계를 지속적으로 이어 가기는 어렵다. 게다가 자신이나 가족 자랑만을 늘어놓는 사람이라면 더더욱 그렇다. 사람들은 대개 이런 사람들과의 만남을 피한다. 하지만 분석가는 설사 상대가 그렇다 해도 피할 수 없다. 어쨌든 그 모든 이야기를 경청해야 한다. 이야기를 들을수록 분노와 피로는 쌓이고, 결국 이기지 못한 채 졸게 된다.

이것은 내담자에 의해 불러일으켜진 역전이다. 분석관계가 어린 시절의 반복이나 재연이라는 전이로 이뤄진다는 것을 기억한다면, 이것이 무엇을 의미하는지 알 수 있다. 바로 내 존재를 인정해 주지 않거나 내 이야기를 완전히 무시했던 부모와의 관계가 지금 여기에서 경험되는 것이다. 자신의 이야기가 반박당하고 마치 투명인간처럼 취급당할 때, 사람은 깊은 결핍을 경험한다. 그 결핍은 무엇인가로 채우고 채워도 해소되지 않는다. 분석가에게 빈틈없이 쏟아지는 이야기는 그 결핍이 얼마나 크고 깊은지 보여 준다. 분석가는 이런 내담자와의 관계에서 자신은 사라지고, 존재감 없는 투명인간이 된 듯한 역전이에 빠진다. 물론 모든 졸음을 이렇게 해석할 수는 없다.

졸음이 많고 수면에 어려움을 가진 분석가의 회기 중 졸음은 분석가에게서 비롯된 것임을 기억해야 한다.

그래요, 당신 쓰레기가 맞네요

내담자가 유발시키는 다양한 역전이 중에서 중요하게 언급하고 싶은 역전이가 있다. 심하게 자신을 비하하고 세상을 부정적으로 보는 내담자와의 관계에서 경험하게 되는 역전이이다.

내 슈퍼비전을 받던 한 상담자가 자신의 상담 실패담에 대해 이야기했다. 자기 비하가 심한 내담자는 첫 회기부터 자신을 '쓰레기'라고 부르기 시작했다. 상담자는 그가 마치 자신이 얼마나 능력이 없고 나쁜 인간인지를 증명해 보이려는 것 같았다고 말했다. 이렇게 자신을 비난하며 우울감을 호소하는 사람들은 고상한 사람인 경우가 많다. 그들은 높은 이상과 치밀한 계획 속에서 살아가기에 자신이 세운 기준에 미치지 못하면 심하게 자신을 비난한다. 실상 그 이상과 계획은 천사나 되어야 만족시킬 수 있는 수준이라는 것을 발견하기란 어렵지 않다.

상담자는 내담자가 얼마나 소중하고 특별한 존재인지를 증명해 보이기 위해 부단히 노력했다. 하지만 끈질긴 자기 비하와 폄하는 이후 회기에서도 줄곧 이어졌다. 자신을 비하하기에 지칠 줄 모르는 이 내담자와의 관계에서 상담자가 지치기 시작했다. 변하지 않는 내담자를 보며 무기력에 빠졌고, 슬슬 짜증이 나기도 했다. 혹시 매번 죽고 싶다고 하며 '이생망'(이번 생은 망했어)을 습관처럼 이야기하는 친구가 있는가? 그렇다면 그를 떠올려 보라. 죽고 싶다고, 세상은 불공평하다고 끊임없이 이야기하는 그에게 "그래, 차라리 죽는 게 낫겠다"라고 이야기하고 싶은 적이 있지 않았는가?

상담자는 결국 10회기쯤 되었을 때 자기 자신을 계속 비난하는 내담자를 꾸짖었다.

"상담에 임할 때는 그래도 변화되려고 노력해야 하지 않겠습니까? 자신이 얼마나 소중하고 괜찮은 사람인지 몇 번이나 이야기해야 알아듣겠어요. 선생님, 돌아가셔서 자신의 태도에 대해 진지하게 생각해 보세요."

상담자는 내담자로 하여금 자신의 태도를 돌아보게 하기 위해 이런 말을 했을 것이다. 하지만 이런 반응이 나온 것은 무엇보다 내담자에 대해 짜증과 무기력, 그리고 분노의 역전이를 경험했기 때문이다.

이 역전이에 대해 살펴보자. 내담자가 자신은 부족하고 나쁜 존재라고 계속 이야기하는 이유는 무엇일까? 어쩌면 자신이 그렇지 않다는 것을 상담자가 증명해 주기를 바라는 것인지도 모른다. 하지만 그 증명은 결코 쉬운 일이 아니다. 여기서 지나치지 않아야 할 것은, 자신이 부족한(혹은 한심한) 존재라는 느낌은 자신을 향해 제대로 하는 게 없다고 여기는 대상에 대한 느낌도 함께 존재한다는 사실이다. 아마도 그 내담자는 자신이 하는 일마다 비교를 밥 먹듯이 하며 자신이 얼마나 부족하고 형편없는지 가혹하게 비난하는 부모에게서 양육되었을 가능성이 크다. 상담자마저도 그 내담자를 '노력하지 않는 사람'으로 꾸짖는 것을 보면, 이는 충분히 예상할 수 있는 일이다.

이처럼 자신을 가혹하게 평가하고 판단하게 만드는 내적 대상을 갖고 있는 사람과의 관계에서, 분석가는 바로 그 역할, 곧 평가와 판단의 역할을 떠맡게 되기도 한다. 그리하여 짜증나고 분노하는 역전이를 경험하게 되는 것이다.

감정 이해하고
다루기

분석가가 경험하는 역전이가 분석가에게서 기원하는 것인지, 아니면 내담자에 의한 것인지를 구별하기란 쉽지 않다. 무의식적 역동이기 때문이다. 이를 구별할 수 있는 좋은 방법 한 가지는, 분석가의 반응과 느낌이 일반적인 관계에서도 자주 일어나는지, 아니면 특정한 사람에게서만 나타나는지 분석가가 스스로에게 묻는 것이다. 만약 전자라면 그 역전이는 분석가 자신에 기원하는 것이며, 후자라면 내담자에게서 비롯된 것이다. 이는 일반적인 상황에서도 적용된다. 같은 질문을 통해 내가 어떤 관계 안에서 갖는 반응과 느낌이 나에게서 비롯된 것인지 상대에게서 비롯된 것인지 살펴볼 수 있다.

따라서 역전이를 이해하는 것은 중요하다. 그 기원에 따라 분석가 자신(나)이나 내담자(나와 관계를 맺고 있는 상대)에 대해 더 많이 알도록 돕기 때문이다. 앞에서도 설명했듯이, 마음에 일어나는 다양한 증상들은 인간관계로 풀어서 이해하는 것이 중요하다. 관계에서 드러나는 무의식적인 관계 양상에 변화가 일어나면 증상은 자연스럽게 사라진다.

너 같은 애는 혼이 나야 해

이전의 정신분석이 전이에 초점을 맞췄다면, 오늘날에는 역전이가 치료의 성패를 좌우한다고 분석가들은 말한다. 이를 이해하는 것이 중요하다. 물론 이때의 역전이는 내담자에게서 비롯된 역전이를 의미한다.

내담자에게 기원하는 역전이는 내담자가 타인과 관계하는 방식에 대해 보여 준다. 또한 내담자가 관계 안에서 갖는 독특한 기능과 무의식적인 느낌을 알게 해 주어 현재 그에게 어려움을 주고 있는 불편한 점들을 이해하도록 돕는다. 따라서 내담자에 의해 촉발된 역전이를 잘 다루는 것이 내담자의 치유에 핵심적인 역할을 한다.

전이를 설명하며 들었던 예시로 돌아가 역전이를 통한 치료를

누구에게나
숨겨진 마음이 있다

살펴보자. 놀이치료에서 학교 상황을 연출하며 내게 학생의 역할을 부여했던 아동을 기억하는가? 그녀는 내게 달성하기 어려운 과업을 줌으로써 자신이 학교에서 경험한 좌절감, 당혹스러움, 긴장감을 내가 느끼게 만들었다. 놀이 상황 속에서 교사였던 아동은 내가 실수라도 하게 되면 소리를 질렀다.

"똑바로 할 수 없니? 내가 몇 번이나 이야기해야 하니? 나가 버려!"

아무리 놀이라고 해도 이는 분석가에게 가혹한 일이다. 이런 일이 반복되면 이 소녀와의 놀이는 긴장되는 일로 바뀌고 만다. 실제로 이 소녀와의 놀이치료 날이 다가오면 나는 내 신체가 긴장감과 불안으로 반응한다는 것을 느낄 때가 많았다. 이것은 비교적 명확하게 내담 아동에 의해 비롯된 역전이라고 말할 수 있다. 내가 느낀 긴장감, 불안, 당혹스러움이 아동과 깊은 관련이 있다는 의미이다.

그렇다면 이 역전이가 아동에 대해 말해 주는 것은 무엇인가? 이 아동이 이런 식으로 또래 집단에서 행동한다면 친구를 사귀기 어려울 것이라는 사실을 알려 준다. 하지만 이보다 더 중요한 것은, 이 아동이 가정과 학교에서 이런 위계적인 관계 안에 놓여 있고, 이로 인한 부정적인 감정을 깊은 수준에서 경험하고 있다는 사실이다.

아동은 분석가와의 관계에서 이런 부정적인 감정들을 전이시켰을 뿐만 아니라, 실제로 분석가가 이를 느끼도록 만들어 버렸다(동일시). 일반적인 인간관계에서도 이런 전이가 일어날 수 있다. 이런 전이의 과정이 일어나면 사람들(어른들)은 이 아동에게 이렇게 이야기할 것이다.

"애 좀 봐. 어른한테 그게 무슨 말버릇이니?"

이 정도면 그래도 양호하다. 소녀가 전이시킨 부정적인 정서는 따끔거리는 신체의 고통에 비유할 수 있을 만큼 불편한 감정이다. 따라서 사람들은 이를 너그럽게 받아들이기 힘들다.

"넌 내가 바보인 줄 아니? 너 같은 애는 혼이 나야 해!"

이렇게 반응하는 것이 일반적이다.

하지만 분석가는 놀이에서 일어나는 무의식적 의사소통을 관찰하는 사람이다. 아동이 자신의 해결되지 못한 감정과 다루기 어려운 느낌들을 무의식적으로 분석가에게 투척하고 느끼게 하는 전이와 동일시의 역동을 분석가는 알아차릴 수 있다. 이런 과정에서 분석가는 (앞 장에서 설명한 전이의 구조에 의해 말하면) 소녀의 자기표상의 일부가 된다. 분석가는 아동과의 관계에서 자신의 정체성을 잃고 아동의 일부분이 되는 것이다. 그리고 이를 통해 아동이 다루지 못한 느낌들을 대리적으로 다루는 기회를 갖게 된다. 아동의 긴장과 좌절감을 떠맡게 된 분석가는 내담 아동보다는 이 감정을 잘 다룰 수 있는 성숙한 성인이다.

그렇다면 이 부정적인 감정들을 분석가는 어떻게 다루는가? 위의 사례로 보자면 분석가는 아동에게 깊은 공감을 표현할 수 있다.

"선생님의 이런 명령은 저를 긴장하게 만들어요."

이것은 아동이 느끼지만 말로 표현하기 어려운 감정들을 언어로 옮기는 것이다. 혹은 다음처럼 제안을 할 수도 있다.

"선생님께서 제게 시키시는 일은 제가 하기엔 너무 어려운 일이에요. 제가 할 수 있는 다른 일을 주시면 좋겠어요."

이런 말들은 실제로 내담 아동의 놀이를 변화시키고, 결과적으로 내담 아동의 마음을 변화시키도록 돕는다.

상담에서 일어나는 무의식적 의사소통의 과정을 이해하는 것은 이처럼 중요하다. 그리고 또 한 가지, 역전이를 통해서 내담 아동의 주변에서 일어나는 일을 알게 되었다면, 분석가는 부모와 교사를 교육할 수 있다. 아동에게 영향을 끼치는 주변 사람들의 도움이 있을 때, 아동은 보다 잘 치유되고 변화된다. 따라서 무엇이 내담 아동을 힘들게 하는지를 그들이 알게 하여 협력적으로 아동의 치유 과정을 돕도록 안내하는 일이 동반되어야 한다.

너만 불행한 줄 알아?

분석가가 내담자로부터 건네받은 부정적인 감정들을 어떻게 다루느냐가 치료의 성패를 결정한다는 것을 알게 된 정신분석은 이를 다루는 다양한 기법들을 발전시켰다. 담아 주기(containment), 감정에 이름 붙여 주기, 지지와 격려, 공감적 확인, 직면과 해석 등이 바로 그것들이다. 이 책에서 이를 구체적으로 설명하지는 않을 것이다. 다만 독자들은 마지막 장에 제시된 사례 예시를 보며 이런 기법들이 어떤 것인지 확인할 수 있다. 요점을 말하면 이렇다. 내담자가 씹어서 소화시키지 못한 감정들은 밖으로 돌려진다. 관계에서 일종의 압력을 무의식적으로 행사하는 것이다. 이때, 상대방은 소화되지 못해 떠넘겨진 감정들을 경험하게 되어 불편함을 느끼고 이에 대해 방어적으로 행동하는 것이 일반적이다. 하지만 분석가는 이 떠넘겨진 감정들이 어디에서 비롯된 것인지를 살피고, 이 감정들을 내담자가 소화시킬 수 있도록 담아 주거나 이름 붙여 주거나 지지해 주고 해석한다. 결국 이것이 뜻하는 것은 역전이를 통해 드러난 내담자의 미해결 과제를 분석가가 다룬다는 점이다. 다음 장에서 이를 더 설명할 것이다.

우리의 가정에서도 이런 무의식적 역동은 일어나고 있다. 다만 인식하지 못할 뿐이다. 한창 자라나는 아이들은 학교를 다니면서 좌절과 불안, 긴장감을 느끼지 않을 수 없다. 그래서 그래도 편안한 대상인 부모에게 그 부정적인 정서를 여러 방식으로 쏟아 놓게 된다. 그러나 이런 역동을 모르는 부모로서는 자신에게 짜증을 부리고 화를 내는 아이를 나무라는 것으로 반응한다. 그런데 그렇게 함으로써 아이의 힘든 마음을 더 힘들게 할 수 있다.

어느 날 갑자기 아이가 이렇게 말할 수 있다.

"세상은 참 불공평한 것 같아. 즐거운 일이 하나도 없어. 아, 불행해."

아이의 갑작스런 고백에 놀라거나 화가 난 부모는 다음과 같이 반응한다.

"너만 불행한 줄 아니? 그렇게 말하면 다 불행해. 나도 불행하고 니 아빠도 불행해. 입혀 주고 먹여 주고 하니까 참 별소리 다 한다."

떠넘겨진 부정적인 정서를 제대로 다루지 못한 것이다. 그렇다면 아이가 이처럼 말할 때 어떻게 반응해야 할까? 우선 아이에게 스트레스 요인이 있을 것이라고 짐작해야 한다. 방학이 끝나고 개학이 다가온다든지, 곧 시험이라든지, 좋아하는 친구와 사이가 안 좋아졌다든지 부정적인 정서의 배경이 있을 것이다. 상대적으로 인생의 경험이 많은 부모가 이를 대리적으로 지혜롭게 다뤄 줄 필요가 있다. 예를 들면 이런 식으로 반응하는 것이다.

"방학이 끝나고 개학이 다가오니까(혹은 시험이 다가오니까) 그렇게 느낄 수 있을 것 같네. 하지만 내가 기억하기로 너는 늘 학교생활에 잘 적응했어. 시작하기 전에는 염려가 커도 막상 시작하면 잘했고. 만약 내가 도울 일이 있다면 언제든 이야기해 줘."

물론 부모가 아이의 스트레스 요인을 잘못 짚었을 수 있다. 그러나 그랬다고 해도 이런 대화는 아이의 마음을 들여다보고 살펴볼 수 있도록 돕는다.

오늘 당신의 마음을 채운 감정과 느낌은 무엇인가? 그것은 나에 대한 중요한 정보, 즉 해결되지 못한 갈등과 사건을 함축적으로 담고 있는 것일 수 있다. 또한 나 자신의 치유와 성숙으로 향하는 길을 안내해 주는 것인지도 모른다. 아니면, 내 감정과 느낌은 내가 관계 맺고 있는 사람에 대한 중요한 정보를 담고 있을 수 있다. 상대방의 해소되지 못한 미해결 과제를 압축적으로 보여 주는 것인지도 모른다. 그리고 그것은 상대방이 치유에 이르는 길을 내게 알려 주기도 한다. 그러니까 어느 쪽이든 내 감정과 느낌을 살펴보는 것은 매우 중요하다는 이야기다.

누구에게나
숨겨진 마음이 있다

1. 누군가를 만나고 있는 상황을 상상해 봅시다. 나는 그/그녀에게 무언가 좋은 말을 해 줘야 한다거나 그/그녀를 기쁘게 해 주기 위해 어떤 행동을 취해야 한다고 느낍니까?

2. 내 그런 반응과 느낌은 일반적인 관계에서 자주 일어나는 것입니까? 그렇다면 그것은 내가 나를 희생하더라도 상대에게 잘 맞춰야 한다고 느끼고 그에 대한 압박을 받는 사람임을 보여 줍니다. 이것은 어디에서 생겨난 것일까요?

3. 내 그런 반응과 느낌은 어떤 특정한 사람에게서만 나타나는 것입니까? 그렇다면 그것은 상대방이 나에게 그런 반응과 느낌을 촉발한 것으로 상대방에게서 비롯된 것입니다. 이것은 상대방에 대해 무엇을 말해 주나요?

느낌은 중요한 정보를 담고 있다
_역전이

무의식적
의사소통의 방식

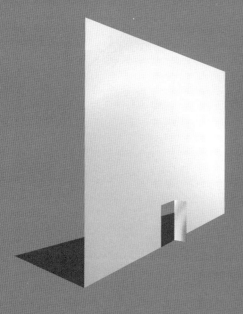

_투사적 동일시

'지금 여기'에서 일어나는
'과거'의 일

'지금 여기', 곧 분석가와 내담자 사이에 나타나는 관계 양상은 내담자의 초기 유년 시절의 재경험 혹은 재연으로 볼 수 있다고 이야기했다. 물론 관계 안에서 일어나는 모든 장면이 유년 시절의 재연이라고 말할 수는 없다. 하지만 분명한 것은 분석가와 내담자 사이의 상호 작용 속에는 유년 시절의 기대와 소원, 결핍과 상처가 무의식적으로 드러나게 된다는 것이다.

이러한 역동은 부부 사이, 부모와 자녀 사이, 친구나 연인 사이에서도 종종 일어난다. 관계에서의 상호 작용 속에는 상대방에 대한 일정한 기대와 소원, 결핍과 상처가 투영되기 마련이고, 이것은 유년 시절의 재연일 가능성이 크다.

'투사적 동일시'는 이해하기 어려운 개념이다. 하지만 전이와 역전이를 이해했다면 투사적 동일시에 보다 쉽게 접근할 수 있는 위치에 와 있다.

역전이를 통해 보았듯이 사람은 인간관계 안에서 무의식적으로 압력을 행사하거나 상대에게 일정한 역할을 부여하려 한다. 실제로 이런 일은 우리 삶에 늘 존재한다. 무의식적으로 일어나기 때문에 쉽게 놓칠 뿐이다. 이처럼 무의식적으로 압력을 행사하여 너와 나 사이에 특정한 관계 양상을 형성시키는 것을 정신분석은 '투사적 동일시'라고 부른다. 여기서 주목해야 할 것은, 투사적 동일시가 '압력을 행사하는' 일종의 무의식적 의사소통의 방식이라는 점이다.

분석관계에서 무의식적인 압력을 행사하는 예는 다양하다. 분석 시간에 자주 먹을 것을 가져와 먹거나 마시는 내담자들은 분석이 덜 심각하게 진행되기를 바라는 무의식적 기대(전이)를 갖고 있을지 모른다. 이때 분석가는 분석을 친근하게 진행해야 할 것 같은 압력(역전이)을 받게 된다. 분석가에게 커피와 같은 선물을 가져오는 내담자들은 그렇게 하지 않으면 분석가의 관심을 잃을 것이라고 여기는 것(전이)일 수 있다. 분석가는 그런 내담자들에게 격려와 위로

같은 반응을 더 자주 보여야 한다는 압력(역전이)을 받게 될 수 있다. 분석 시간에 반복적으로 지각과 결석을 하는 경우, 내담자는 분석을 망치고 싶은 바람(전이)을 갖고 있을지 모른다. 분석가는 이로 인해 무력해지고 분석을 종료하고 싶은 마음(역전이)이 들 수 있다.

　이 같은 무의식적인 압력에 따른 상호 작용은 일상의 관계에서도 관찰된다. 부모의 통제 역시 이런 관점에서 이해할 수 있다. 자녀의 긍정적인 행동을 강화하기 위해 부모는 자녀에게 다음과 같이 말한다. "너 지금처럼 계속 그렇게 공부하지 않으면 네 미래는 형편없을 거야." 이것은 부모가 자녀에게 압력을 행사하는 하나의 방식으로 자녀에게 불안을 주입시켜 공부하도록 만드는 것이다. "너처럼 다 큰 애가 엄마 아빠를 돕지 않는다니 정말 실망스럽다." 이 또한 자녀에게 죄책감을 유발시켜 부모를 돕는 착한 아이가 되도록 만드는 압력이다. 이처럼 상대방에게 압력을 행사하여 어떤 느낌을 갖게 만들 수 있고, 이를 통해 상대가 자신이 원하는 것을 하게 하거나 반대로 원하지 않는 것을 그만두게 할 수 있다.

자, 이제부터 당신은 내게 이렇게 하셔야 합니다

관계에서의 압력은 말의 내용뿐만 아니라 말하는 태도와 어투에도 나타난다. 나의 한 내담자는 목소리가 무척 작았고, 웃을 때도 소리를 내지 않고 웃었다. 나는 목소리를 조금 크게 해 달라고 부드럽게 부탁했지만, 그의 조심스러운 태도는 이후에도 바뀌지 않았다. 이는 분석가로 하여금 귀를 기울이도록 만들고 집중해야 한다는 압박을 준다.

이 내담자는 자신의 이야기를 당당하게 말하는 것이 어려운지도 모른다. 가족 사이에 일어난 일은 비밀로 해야 한다거나 사적인 이야기를 다른 사람에게 하는 것은 위험하다는 가르침을 오랫동안 받아 왔을 수도 있다. 만약 그렇다면 분석가가 자신의 이야기를 비판적으로 듣고 평가할 것이라는 무의식적 두려움을 갖고 있을 것이다. 나는 이 내담자의 이야기를 놓치지 않으려 신경을 쓰느라 필요 이상의 에너지를 소비해야 했고, 이상하게도 마음속에 짜증과 지루함이 일기 시작했다. 이것은 초기 유년 시절의 재연이라고 볼 수 있다.

내담자의 조심스런 자세는 비판적인 부모와의 관계에서 방어적으로 형성된 것이었다. 비판적인 자세를 가진 양육자와의 관계를 유지하기 위해서는 조심스럽게 말할 필요가 있었는지도 모른다. 내담자는 유치원에서 배웠던 춤을 아버지 앞에서 췄던 어느 날의 일을 이야기하며, 아버지의 냉담한 시선과 한숨을 여러 차례 언급했다. 그리고 이해받지 못할 것이라는 예상, 비판의 눈초리로 자신을 보고 있을 것이라는 기대는 분석가인 내게로 향해졌다. 하지만 나는 그럴 의도가 전혀 없었다. 게다가 나는 판단하지 않고 이야기를 경청하는 분석가가 아닌가. 그런데 신기하게도 나는 그의 조심스런 말투와 자세에 의해 내가 내담자의 유년 시절 부모처럼 비판적이고 평가적으로 바뀌어 가는 것을 볼 수 있었다. 내담자가 두려워하는 비판적이고 평가적인 반응을 심지어 분석가 또한 보이게 된 것이다. 참으로 관계의 신비가 아닐 수 없다.

또 다른 내담자는 이야기를 지나치게 세게 한다는 느낌을 받았다. 사용하는 어휘도 무척 거칠고, 말하면서 얼굴을 자주 찌푸렸다. 그로 인해 나는 그의 요구를 들어줘야 할 것 같은 강한 압박을 받았다. 이렇게 자신의 이야기를 세게 하는 경우, 일종의 압력을 행사하는 것이라고 볼 수 있다. 그에게는 강하게 말하지 않으면 얻고자 하는 것을 얻지 못할 것이라는 무의식적인 예상이 숨겨져 있다. 이 또한 유년 시절의 재연으로 볼 수 있다.

내담자는 강하게 말하지 않았을 때 자신의 것을 동생에게 빼앗기고 만다는 것을 경험했다. 그의 부모는 맏이였던 내담자에게 늘 내담자의 장난감 등을 동생에게 양보할 것을 강요했고, 그가 지나치다 싶을 만큼 세게 말할 때에야 자신의 것을 지킬 수 있었다. 그리고 지금 여기에서, 내담자는 분석가인 내게도 같은 식으로 반응하고 있었다. 이는 나를 유년 시절 요구를 잘 들어주지 않는 자신의 부모처럼 생각한다는 것을 의미한다.

위의 상담 예시들에서 분석가인 나는 점차 내담자의 유년 시절 부모가 되어 갔다. 말을 조심스럽게 하는 내담자와의 관계에서 나는 짜증내고 비판적인 그의 부모가 되었고, 말을 세게 하는 내담자와의 관계에서는 내담자의 요구를 들어줘야 말썽이 일어나지 않을 것이라는 그의 부모의 느낌을 가졌다. 나는 그들과의 관계에서 '나'라는 정체성을 잠시 잃고 다른 누군가로 변해 가고 있었다. 다시 말하자면, 그들의 압력으로 인해 일상적으로 사람을 대하는 나의 방식을 잃어버린 것이다.

일상에서 일어나는 대화는 이처럼 상대에게 압력을 행사하고 상대가 특정한 역할을 수행하도록 만드는 무의식적 과정으로 이뤄져 있다. 정신분석은 이런 압력 행사의 방식에 주목하며 그것을 전이와 역전이라는 개념 속에서 이해하려고 했다. 또한 이렇게 압력을 행사하고 역할과 반응을 주입시키는 과정에 더욱 초점을 맞춰 '투사적 동일시'라는 개념을 탄생시켰다.

나를 화나게 한 내담자

조금 더 이해를 돕고자 다른 예시를 들어보려고 한다. 분노를 조절하는 데 어려움을 겪고 있던 한 내담자는 분석을 시작한 지 얼마 되지 않은 회기에 이렇게 말했다.

"오늘은 선생님이 조금 다르게 느껴지네요. 피곤해 보이고 화가 난 것처럼 보여요."

내담자가 분석가에 대한 느낌을 이야기하는 것은 분석에서 중요하다. 그래서 나는 그가 그렇게 말한 것을 알아주면서 그 느낌을 더 이야기해 보라고 격려했다. 그러자 내담자는 이렇게 반응했다.

"지금 그 말투도 그래요. 평상시와는 다르게 화가 난 것 같아요. 혹시 기분 안 좋은 일이 있었나요?"

나를 빤히 쳐다보며 도전적으로 이야기하는 그를 보면서 나는 내 마음이 조금씩 진동하는 것을 느꼈다. 나는 내담자에게 말했다.

"선생님의 느낌을 좀 더 이야기해 보시겠어요?"

그러자 내담자는 더욱 강하게 이야기했다.

"왜 저만 이야기해야 하지요? 저는 화난 사람에게 이야기하고 싶지 않아요. 보세요. 선생님이 얼마나 짧게 이야기하시는지. 화가 나셨잖아요."

계속 진행된 대화에서 내담자는 내가 화가 났다는 것을 증명이라도 하듯 나를 몰아세웠고, 나는 결국 소리를 치고야 말했다.

"저는 화가 나지 않았다고요! 왜 제가 화가 났다고 느끼셨는지 선생님의 느낌을 이야기하시라고요!"

그러자 그는 만족스러운 듯 미소를 지었다.

"보세요. 선생님이 얼마나 화가 나 있는지."

나는 그의 기대대로 화가 났다. 내담자와의 상호 작용에서 분노를 느끼도록 유도된 것이다. 실제로 그때 나는 평온했다. 그런데 이 내담자를 만나면서 분노에 휩싸이게 되었다. 내담자는 내가 분노하도록 압력을 행사한 것이다. 이 장면이 유년 시절의 재연이라는 것을 부인할 수 없다. 나는 어느새 내담자에게 늘 분노하고 비난을 일삼던 그의 부모처럼 변해 있었기 때문이다.

이처럼 내담자의 압력에 의해 분석가가 내담자의 내적세계의 한 인물이 되어 가는 것을 정신분석은 '투사적 동일시'라고 불렀다. 이 신비롭기만 한 무의식적 과정은 지난 정신분석 역사에서 거의 모든 분석가가 관찰하고 경험한 현상이다.

관찰이 아닌 경험으로

투사적 동일시가 중요한 것은 분석가가 내담자의 일부가 되는 과정이 존재하기 때문이다. 분석가가 자신의 정체성을 일정 부분 상실하고 내담자의 심리 세계의 일부분이 되는 것은 크게 두 가지 의미를 갖는다.

누구에게나
숨겨진 마음이 있다

첫 번째, 분석가가 내담자를 깊이 이해할 수 있게 된다. 투사적 동일시는 내담자가 유년 시절에 어떤 관계를 경험했는지, 또 그 관계에서 경험한 감정과 느낌이 무엇이었는지 이해할 수 있도록 돕는다. 이는 분석가가 실제로 내담자의 느낌을 경험하여 알게 되는 것으로, 내담자의 유년 시절을 관찰하여 알게 되는 것과 완전히 다르다.

비판적인 부모 밑에서 자란 한 내담자는 어느 날 내게 불평을 하기 시작했다.

"선생님, 선생님과 상담을 받은 지 일 년이 다 되어 가요. 그런데 저는 더 나빠졌어요. 잠드는 게 더 힘들고 더 불안해졌어요. 어떻게 하실 거예요? 저랑 같은 시기에 다른 분께 상담을 시작한 친구는 지금 완전히 새 사람이 되어서 상담을 종료한 상태예요."

나는 상담을 잘못 진행한 듯한 느낌에 강한 수치심을 경험했다. 이것은 내담자의 압력에 의한 수치심으로 투사적 동일시의 과정이다. 나는 이 감정을 통해 내담자가 어린 시절 비난을 일삼던 부모와의 관계에서 경험한 수치심이 얼마나 큰 것인지를 실제적으로 느끼게 되었다. 그것은 내담자를 비난한 부모에 대한 이야기를 들으며 '아, 그때 수치심을 느꼈겠구나' 하고 추측할 수 있는 것과는 다르다. 이 수치심은 내담자의 일부가 되는 과정이다. 내담자가 어린 시절 경험한 절망과 좌절, 부끄러움의 깊이를 몸소 체험하는 것이다.

이렇게 분석가는 '관찰'을 넘어 실제적인 '느낌'으로 내담자를 알게
된다.

두 번째, 내담자가 다루지 못하고 미해결로 남겨 놓은 과제를 분
석가가 대리적으로 해결한다. 내담자의 일부가 되는 과정은 내담자
의 무의식과 연결된다는 의미를 갖는다. 이것은 내담자의 무의식
을 단지 관찰하는 것에서 끝나지 않고, 그의 무의식 세계에서 꺼내
어진 어떤 환상, 소망, 기대에 분석가가 참여하는 것을 뜻한다. 이런
연결을 통해 분석가는 내담자가 자신의 무의식을 의식화시키도록
돕게 되고, 그 무의식을 다룰 수 있게 된다. 이 같은 신비스런 과정
으로 인해 치료가 촉진된다.

내담자의 마음속
누군가가 되다

영화 〈인셉션〉을 보았는가? 이 영화의 기본 전제는 다른 사람의 꿈
(무의식)으로 들어가 무의식의 변형을 일으킨다는 것이다. 분석가
가 내담자의 일부가 되어 그의 무의식을 다루는 과정은 이 영화를
연상시킨다. 물론 분석가가 영화와 같은 극적인 방식으로 무의식에
들어가지는 않는다. 그 대신 압력을 행사하는 무의식적 의사소통을
통해 내담자의 무의식 세계가 지금 여기에 펼쳐졌을 때, 다시 말해
내담자의 어린 시절이 분석관계에 재연되고 분석가에게 어떤 역할
이 부여되었을 때, 분석가는 내담자의 무의식에 참여하고 또 그것
을 다룰 기회를 얻는다. 따라서 투사적 동일시는 내담자의 무의식
세계에 분석가가 참여하는 방식을 설명하는 개념이자 분석이 어떻

게 치료를 일으키는지를 설명하는 개념이 된다.

당신은 불쌍해요

인간관계에서 지나치게 다른 사람을 위하고 자신을 희생시키는 경향을 가진 한 내담자가 나를 찾아왔다. 그녀는 늘 다른 사람들의 요구를 우선시했고, 자신의 주장을 펴는 것을 어려워했다. 누군가에게 화가 났을 때에도 자신의 감정을 솔직하게 표현하지 못했다.

그녀의 아버지는 그녀가 어린 시절에 돌아가셨다. 그래서 어머니는 그녀와 남동생을 돌보느라 정신없는 삶을 살았던 것으로 보인다. 어머니는 가계의 경제를 책임져야 했을 뿐만 아니라 잦은 병치레로 애간장을 태우는 내담자의 남동생을 돌보는 데 많은 시간을 할애해야 했다. 내담자는 그런 어머니가 늘 불쌍했다. 어머니가 더 행복한 삶을 살았으면 좋겠다고 항상 바랐다. 그래서 어린 시절부터 웬만한 일은 혼자서 처리했고, 사소한 일로 바쁘고 불쌍한 어머니를 힘들게 해서는 안 된다고 생각했다.

이 내담자는 첫 회기부터 나를 '불쌍한 사람'으로 보았다. 첫 만남에서 그녀는 내가 불쌍하다는 말을 세 번이나 반복했다. 나에 대한 이런 불쌍한 느낌(전이)은 매주 이어졌다.

"선생님은 불쌍해요. 이 작은 방에서 늘 다른 사람의 이야기만 듣고 계시잖아요. 이야기를 들을 때 졸리지는 않으세요? 아니면 이야기를 들을 때 어디를 쳐다봐야 할지 당혹스러울 때는 없으세요? 코밑을 봐야 할지 눈 사이를 봐야 할지 무척 곤란하실 것 같아요. 선생님은 불쌍해요."

내담자의 이런 반복적인 말은 평소 불쌍하게 느낀 적 없었던 나 자신을 점차 불쌍하게 느끼도록 만들었다. 겨울에 만났던 이 내담자로 인해, 하루 일과가 끝나고 집으로 돌아갈 때면 나는 내가 불쌍하게 느껴지기 시작했다. 이화여대의 앙상한 나뭇가지를 보며 그것이 마치 나처럼 느껴지기도 했다.

하루는 그녀가 이렇게 이야기했다.

"오늘도 남의 이야기를 듣기만 하셨겠죠? 이제 선생님도 선생님의 이야기를 하세요. 제가 매주 오잖아요. 제게 선생님 이야기를 하세요. 제가 들어 드릴게요."

그녀의 진심 어린 눈빛과 따뜻한 말에 하마터면 내 이야기를 털어놓을 뻔했다.

이야기를 경청하고 돌봄을 제공해야 하는 나는 이 내담자와의 관계에서 불쌍해질 것을 요구받았다. 이 또한 일종의 압력이라고 말할 수 있다. 실제로 나는 나 자신과 내가 하는 일에 대해 불쌍하다는 느낌을 받았다.

이제 독자들도 예상할 수 있듯이 이것은 내담자의 무의식 세계가 분석관계에 옮겨진 '전이'라고 볼 수 있다. 즉, 내담자의 어린 시절의 재연이다. 가족의 생계를 위해 돈을 벌고, 또 아픈 아들을 돌보느라 늘 분주했던 어머니를 내담자는 불쌍하게 여겼다. 그리고 그 느낌을 분석가인 나에게로 옮겨 놓았다.

이런 무의식적인 역동은 실제 내담자 삶의 거의 모든 인간관계에서 나타나고 있었다. 그녀는 주변 사람들에게 지나치게 잘해 주고 언제나 자신을 희생시켰다. 그녀에게 자신을 돌보는 일이란 부적절한 일이 되어 버렸고, 다른 사람에게 행여 상처를 주거나 그들에게 무언가를 요구하는 것은 대단히 어려운 일이 되었다. 나아가 다른 사람의 도움 없이는 해결할 수 없는 문제조차 스스로 해결해야 한다고 느꼈다. 누군가에게 도움을 요청하는 것은 상대방을 힘들게 하는 일이라고 여겼기 때문이다. 이는 어머니를 향하던 느낌을 갖고 주변 사람들을 대하는 것이라고 볼 수 있다. 성인이 되었지만, 무의식에 있는 어머니와의 관계 양상이 다른 인간관계에 전이되어 재연되고 있는 것이다.

그리고 지금 여기의 분석관계에서도 그 일은 동일하게 반복되었다. 내담자는 어린 시절 어머니를 향해 가졌던 '불쌍하다'는 감정으로 분석가를 대했다. 이는 대상표상의 전이이다. 나아가 실제로 분석가는 자신이 불쌍하다고 느끼며, 자기연민에 빠졌다. 내담자에 의해 불러일으켜진 역전이다. 이렇듯 내담자는 분석관계에서 일종의 압력을 행사하여 분석가로 하여금 '불쌍한 어머니'의 반응과 역할을 하도록 했다. 분석가를 어머니와 동일시한 것이다. 이런 압력을 투사적 동일시라고 부르는 것은, 내담자의 내적세계에 자리 잡은 어머니 표상이 전이(투사)되어 동일시되었기 때문이다.

투사적 동일시 과정을 통해서 분석가는 내담자가 누구이며, 내담자의 실제 인간관계가 어떠한지 관찰할 수 있는 기회를 얻게 된다. 또한 내담자가 삶에서 받고 있는 다양한 압박의 이유, 이 사례에서 말하자면, 자신은 언제나 희생해야 하고, 다른 사람에게 그들의 기대 이상으로 잘해 줘야 한다고 느끼는 이유를 발견하게 된다.

연극배우가 되는 분석가

앞에서도 언급했듯이, 내담자의 무의식 세계가 지금 여기에 펼쳐질 때 분석가는 치료의 기회를 갖게 된다. 분석가들은 이것을 '연극'에 비유했다. 내담자의 마음에는 일종의 시나리오가 존재한다. 그 시나리오가 지금 여기 분석관계에 나타나고, 거기서 분석가는 중요한 역할을 맡는다. 이때 분석가가 그 연극(역할)을 얼마나 잘 수행하느냐에 따라 내담자의 내적 변형과 성숙이 결정된다.

그런데 분석가가 연극을 잘 수행한다는 것은 무엇을 의미하는가? 내담자가 분석가에 대해 갖는 느낌을 한편으로는 수용하면서, 다른 한편으로는 그 시나리오에 변화를 가져올 수 있도록 돕는 것이다. 이 사례로 답하자면, 어머니의 역할을 무시하지 않되 내담자의 마음속 시나리오에 담긴 유년 시절 어머니의 역할을 수정하여 내담자에게 돌려주는 것이다.

만약 내담자의 과거 어머니처럼 분석가 스스로 불쌍한 존재가 되어 버린다면 어떨까? 실제로 정신분석 사례에는 내담자의 돌봄을 받는 분석가들이 등장한다. 놀라울지 몰라도 내담자의 무릎에 얼굴을 묻고 울고 있는 분석가를 내담자가 쓰다듬는 사례가 있다. 내담자의 따뜻하고 친절한 돌봄은 분석가에게 큰 유혹이 아닐 수 없다. 삶에서, 또 여러 내담자들에게 스트레스를 받고 있는 분석가는 자신에게 공감해 주는 내담자의 위로와 격려에 자신도 모르게 의존하게 될 수 있다. 그러나 이렇게 되면 분석은 실패로 돌아간다.

분석가는 내담자의 심리세계를 존중하며, 내담자가 펼쳐 보이는 무의식에 참여할 준비를 해야 한다. 이때, 내담자가 생각하듯 분석가가 불쌍한 어머니가 아니라는 것을 부드럽고 친절한 태도로, 그리고 점차적으로 깨닫게 하는 것이 중요하다. 그리하여 내담자로 하여금 자신의 무의식 세계를 인식하고 변화시키도록 도와야 한다. 좀 더 구체적으로 말하면, 내담자의 무의식이 현재 그의 인간관계에 어떤 영향을 끼치고 있는지를 내담자가 볼 수 있도록 돕고, 내담자가 무의식적으로 압력을 행사하는 방식과 그것이 현재 자신의 심리적 불편감과 어떻게 연결되는지를 볼 수 있도록 도와야 한다.

분석가는 '문지방에 서 있는 상태'로 묘사될 수 있다. 내담자의 무의식 세계에 참여하면서, 내담자의 무의식에 새로움이 생겨나도록 적절한 순간에 개입해야 한다.

나를 기다리게 한 내담자

'대상'에 대한 느낌이 아니라 유년 시절 '자기 자신'에 대한 느낌을 분석가에게 투사하는 경우도 있다.

뉴욕에서 분석 수련을 시작한 지 얼마 되지 않았을 때의 일이다. 분석이나 상담에 아직 초보였던 나는 연구소에서 배정해 준 내담자를 잃지 않기 위해 주의를 기울여야 했다. 분석가 자격을 받기 위해선 일정 시간을 채워야 하는데, 내담자가 수련 중인 상담가가 별로라고 느껴 떠나게 되면 곤란해지기 때문이었다.

나는 한 한국계 미국인 대학생을 연구소로부터 배정받았다. 뉴

저지에 살던 내담자는 상담을 받기 위해 뉴욕의 내 상담실로 찾아왔다. 그런데 그는 매번 10분에서 15분 정도 지각을 했다. 나는 내담자의 계속되는 지각이 여간 신경 쓰인 게 아니었다. 상담 날이면 고층에 위치한 상담실 창문 앞에 서서 내담자가 언제 오는지 기다리며 깊은 생각에 빠져들곤 했다. 혹시 내가 마음에 안 드는 것은 아닌지, 지난 회기에 내가 한 말에 상처를 받은 것은 아닌지, 이런저런 상상을 하며 지각의 원인을 짐작했다. 당시 내 슈퍼바이저는 내담자의 지각을 부드럽게 다룰 수 있어야 한다고 이야기했지만, 그러기가 쉽지 않았다.

다음 회기에 역시나 지각한 내담자에게 나는 지각에 대해 언급하며 그가 자유롭게 말할 수 있도록 격려했다. 늘 불규칙한 뉴욕 지하철을 탓했던 내담자는 연상을 시작하면서 문득 유년 시절 아버지에 대한 이야기를 꺼냈다. 내담자의 아버지는 대개 집에 늦게 왔는데, 아직 초등학교 입학 전이던 내담자는 2층 자신의 방에서 창문 밖을 보며 아버지를 기다리곤 했다고 말했다. 그때의 느낌이 무엇이었는지 물어 보자, 혹시 자신이 뭔가 잘못해서 아버지가 늦는 것은 아닌지, 자신이 투정과 떼를 부려서 아버지가 화가 난 것은 아닌지 걱정했다고 답했다. 나는 무척 놀랐다. 그것은 내가 매번 늦는 내담자를 기다리며 가졌던 감정이었다.

유년 시절 그의 양육 환경을 특징짓는 것은 부모의 갈등이었다. 아버지와 어머니는 큰 소리를 지르며 자주 싸웠고, 그때마다 내담자는 자신의 잘못 때문이라고 느꼈다. 이것은 '자기비난 방어기제'로 설명되는 유아들의 대표적인 갈등과 불협화음의 해결 방법이다. 외부의 잘못과 실수를 자신의 것으로 받아들이는 것이 자기비난이다. 자기비난을 하는 이들은 자신 때문에 문제나 어려움이 생겨났다고 생각하므로, 자신을 희생시켜서 안정감을 얻으려고 한다. 그 결과 마음속을 지배하는 주요 감정은 자책감과 죄책감이다.

내 내담자도 마찬가지였다. 조금이라도 외부 환경이 좋지 않게 되면 모두 자신 때문이라고 생각했다. 이러한 사고는 몇 가지 문제를 낳는다. 첫째, 현실을 왜곡하게 되고, 둘째, 공격에 대한 적절한 반응을 어렵게 한다. 모든 불행이 자신의 잘못으로 생겨난다는 생각은 현실을 바로 보지 못하는 것이다. 삶의 어려움과 문제가 어떻게 늘 내 잘못 때문이겠는가? 또한 분노를 자기 자신에게로 돌리면, 마음에는 응어리만 남게 된다. 답답함과 억울함이 마음을 지배하기 시작하는 것이다. 물론 자신의 잘못을 인정할 줄 아는 것은 매우 중요하다. 하지만 모든 갈등과 문제의 원인을 자신에게서 찾으려는 자세는 결코 건강하지 않다.

그런데 이런 자기비난의 기저에 어떤 감정이 도사리고 있는지 아는가? 바로 버림받을지 모른다는 불안이다. 내담자가 부모에게 잘못을 돌리지 못하고 자기 자신에게 비난의 방향을 돌린 것은, 그래야 부모로부터 버림받지 않을 것이라고 느끼기 때문이다. 더불어 나를 돌보는 사람들이 그래도 나보다는 선하고 의롭다고 생각해야 아동은 안정감을 느낄 수 있다. 아동에게는 타락한 세상에서 나 홀로 의인으로 살아가는 것보다는 의로운 세상에 내가 죄인으로 살아가는 게 갈등을 해결하는 좋은 방법이다. 하지만 그 결과 자기 자신을 비난하게 되고, 이는 자존감을 떨어뜨린다. 나의 내담자는 어린 시절부터 무거운 책임감을 갖고 살아왔다. 자신의 주변에서 일어나는 갈등, 불협화음, 불행이 모두 자신의 잘못 때문이라고 생각하며 죄책감을 느껴 왔다.

내담자의 마음속 아이가 되다

놀라운 것은 어린 시절부터 내담자의 무의식에 존재한 자기 자신에 대한 느낌을 나와의 분석관계에 전이시켜 옮겨 놓았다는 사실이다. 나는 유년 시절 내담자가 아버지를 기다렸던 것처럼 상담실 창으로 밖을 바라보며 내담자를 기다렸다. 그가 아버지를 기다리며 자신의 잘못과 실수를 떠올렸던 것처럼, 나 또한 지각하는 내담자를 기다리는 동안 동일한 느낌을 가졌다. 마치 내담자의 유년 시절이 지금 여기에서 재연된 것처럼 말이다. 이것은 내담자의 자기표상이 나에게 투사되어 동일시된 것이다.

이를 통해 내담자의 마음속에 꼭꼭 숨겨져 있던 무의식이 분석관계에 드러났다. 내담자의 무의식 세계에 존재하는 인물은 지금 여기에서 내 안에 생생하게 살아 숨 쉬게 되었다. 위의 사례로 보면 그 인물은 내담자의 아동기 자기 자신이다. 내담자의 무의식적 압력에 나는 영향을 받아 내담자가 아동이었을 때의 무의식적 감정을 경험했다.

그런데 여기에서 한 가지 중요한 차이를 언급해야 한다. 나의 내담자가 이 불편한 감정(자기비난과 죄책감)을 경험했을 때는 어린 시절이었다. 그렇기에 이를 다루거나 처리하기에 미숙했다. 반면 내담자의 감정을 고스란히 경험하고 있는 나는 분석 수련을 받고 있었으며, 성인으로서 그 불편한 감정을 다루고 처리할 수 있었다.

이렇게 분석관계에서 분석가가 내담자의 무의식 세계에 참여하면서 어떤 불편하고 유쾌하지 못한 감정에 의해 영향을 받고, 다시 그 감정을 다루는 것은 치료적 과정이다. 분석가는 내담자의 무의식에 있는 아동을 대신해 아이가 경험한 감정을 대리적으로 다룬다. 그리고 그 아동을 성장시킬 수 있는 위치에 있게 된다.

잔잔한 강물 vs. 파도가 넘실거리는 바다

분석 수련 기간 동안, 나 자신이 분석을 받고 또 다양한 내담자를 만나면서 느낀 것이 있다. 우리의 인생이 실제로는 잔잔한 강 같을 수 있는데, 내면에 자리 잡은 두려움과 불안이 잔잔한 강을 파도가 넘실거리는 바다로 경험할 수도 있다는 사실이다. 실제 삶은 죽고 죽이는 살벌한 전쟁터이기만 한 것이 아니라 유쾌하고 또 행복을 느끼게 하는 것들도 많은 곳이다. 다만, 삶을 전쟁터로 바라보는 시선과 스스로에게 부여한 역할로 인해 인생이 더 힘들어지게 된다.

앞의 사례에 나타나는 나의 내담자 역시 스스로를 비하하면서 작은 갈등에도 크게 괴로워했다. 행여나 갈등이 생기지는 않을까 미리 걱정하며 불안해했고, 다른 사람이 자신을 비난하지는 않을까 지나치게 두려워했다. 유년 시절에 생긴 자기비난의 내적 구조가 성인이 된 후의 인간관계에까지 영향을 끼친 것이다. 이런 내적인 세계로 인해 그가 살아가는 세상은 파도가 넘실거리는 바다가 되어 버렸다.

투사적 동일시의 과정은 한 사람의 내적세계가 외부 세상을 어떻게 변화시켜 가는지를 보여 준다. 자신을 비난하고 학대하는 대상들로 무의식이 채워져 있는 사람의 세상은, 아마도 비난과 학대가 빈번한 세상일 것이다. 반면, 자신을 환영하고 사랑하는 대상들로 무의식이 채워져 있는 사람의 세상은, 환영과 사랑이 넘치는 세상일 것이다.

군 복무 시절, 나를 괴롭히고 어렵게 하는 사람들을 자주 만났다. 나는 그곳이 그런 사람들을 만나게 될 예외적인 장소라고 생각했다. 하지만 제대 후 복학한 학교에도, 마음의 평안을 얻기 위해 찾아간 교회에도 나를 괴롭히는 사람들이 있음을 알게 되었다. 그런 사람들은 어디에나 있었다. 이후 정신분석 수련을 통해 깨닫게 된 것은, 나의 내적인 세계가 사람들에게 그런 역할을 부여하고, 세상을 나를 괴롭히는 사람들이 있는 곳으로 만들었을 수 있다는 것이었다. 내 감정을 드러내지 않고, 힘든 상황도 잘 인내하며, 모든 일을 갈등 없이 해야 한다는 나의 무의식적 신념이 주변 사람들에게 나를 괴롭게 하는 반응을 불러일으킬 수 있었던 것이다. 내 무의식 세계가 상대에게 투사되어 동일시되는 것으로 묘사할 수 있겠다.

마음에 답이 있다

회사에서 일어날 만한 일을 생각해 보자. 한 인턴 직원이 업무에서 실수를 했다. 누구나 실수를 할 수 있다. 그런데 그 직원의 내적세계에 일을 완벽하게 하지 않으면 엄하게 혼을 냈던 부모의 표상이 존재한다면, 그는 자신이 한 실수에 크게 압도될 수 있다. 상사에게 혼나지는 않을까 지나치게 긴장하고 불안할 것이다. 그리고 상사가 자신을 혼낼까 봐 연거푸 "죄송합니다"라고 말하며 자신의 실수에 대해 이야기할 수 있다. 그런데 놀라운 사실은, 이런 과정이 반복되면 상사가 정말로 그 직원을 호되게 혼낼 수 있다는 점이다. 위축되고 자신감 없이 자신의 실수를 이야기하는 사람은 무의식적으로 공격의 대상이나 더 많은 일거리를 맡길 수 있는 대상으로 여겨진다. 실수를 했을 때 자신의 잘못은 인정하되, '세상에 실수 안 하는 사람은 없다'는 생각으로 그 실수를 바라보고 또 상대방에게 이야기한다면 '실수한 만큼'의 책임을 지게 될 것이다.

나에게 상처를 남긴 불행한 사건과 기억이 나도 모르는 사이에 지금의 삶에 반복될 수 있다. 그런데 그 원인이 나에게 있을 수 있다. 외부의 대상에게, 내게 상처를 주고 나를 비난하는 역할을, 놀랍게도 나 자신이 허용하고 부여할 수 있다는 이야기다. 내 마음은 그저 마음에 머물러 있지 않고 세상을 '그런 모양'으로 변형시키는 힘이 있는 것이다. 지나친 긴장과 걱정, 불안은 우리가 사는 세상을 그렇게 변화시켜 갈 것이다.

삶이 어렵고 힘들게 느껴질 수 있다. 그래도 삶을 정확하게 인식하고 인생을 즐길 수 있는 내적인 강인함과 나에 대한 좋은 느낌을 내 안에 견고하게 형성한다면, 사는 게 보다 행복해질 것이다. 잔잔한 강일 수 있는 삶을 파도가 넘실거리는 바다로 만들고 있지는 않은지 스스로를 돌아보자. 인생을 살아갈 답은, 내 마음에 있다.

1. 다른 사람들이 나를 알게 되면 나를 싫어하거나 거절할 것이라고
   느낀 적이 있습니까? 그런 내 느낌이 내 말과 행동에 어떤 영향을
   주는지 생각해 봅시다.

2. 가정, 학교, 회사 등의 인간관계에서 느끼는 주된 감정은 무엇입니
   까? 그것은 내 안에서 비롯된 것인가요, 아니면 누군가의 압력을 받
   아 생겨난 것인가요? 압력을 받은 것이라면 어떻게 다뤄야 할까요?

   * 내 감정들이 어디에서 비롯된 것인지를 알게 되는 것만으로도 부
     정적인 감정이 경감되는 것을 경험합니다. 만약 그것이 누군가의
     압력을 받아 형성된 것이라면 그 감정에서 조금씩 거리를 둘 수
     있게 됩니다.

3. 지나친 걱정과 불안, 두려움으로 내가 살아가는 세상을 파도가 넘
   실거리는 바다로 만들고 있지는 않습니까? 내 마음속 걱정과 불안
   의 내용은 무엇이며, 그 목소리는 어디에서 생겨난 것인가요?

나에 대한
나의 느낌

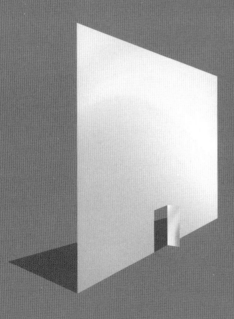

_자기감

정신분석 훈련이
가르쳐 주는 것들

지금까지 이해하기 다소 어려운 개념들을 설명하는 데 많은 지면을 할애했다. 이번 장은 내 정신분석 수련 이야기로 시작하고자 한다.

뉴욕에서 정신분석가 자격(NCPsyA)을 얻기 위해서는 크게 네 가지 영역의 수련을 받고 일정 시간을 채워야 한다. 나는 이를 보통 '정신분석 수련의 네 가지 축'이라고 설명한다. 이 수련 과정을 살펴보는 것은 꽤 흥미롭다. 왜냐하면 지난 정신분석 역사에 녹아져 있는 인간의 성장과 치유의 의미가 그 안에 숨겨져 있기 때문이다. 곧, 체계화된 정신분석 수련의 영역들은 돌봄을 제공하는 사람이 받아야 할 훈련이나 교육이 무엇인지, 또 사람의 성장에 대한 정신분석의 주장이 실제 어떤 식으로 훈련에 녹아 있는지를 보여 준다.

정신분석가가 되기 위해 어떤 훈련을 받아야 하는가?

환자 만나기

첫 번째, '임상 실습'이다. 이는 '환자와의 접촉 시간'으로 이야기된다. 정신분석가가 되기 위해서는 마음의 문제를 갖고 있는 사람을 만나 그들의 이야기를 들어 보고, 대화 치료가 실제 어떻게 진행되어 가는지를 몸소 경험해야 한다.

정신분석가가 되려면 열심히 공부만 하면 될 것이라고 생각하는 사람들이 있다. 하지만 결코 그렇지 않다. 이론은 임상 현장에서 세워진 것들이다. 다시 말해, 분석가들이 내담자와 관계를 맺고 그들의 이야기를 경청하면서 정립한 것이기에 임상 현상은 배제한 채 이론만 공부하는 것은 반쪽짜리 배움이 되기 쉽다. 임상의 경험 없이는 그 이론이 무엇을 의미하는지 이해하기 어렵다는 뜻이다. 내가 훈련받던 당시 정신분석가 자격을 위해 요구된 임상 실습 시간은 천 시간 이상이었다. 내 경험상 매주 열 개의 사례를 4년 동안 꾸준히 끌고 갔을 때 달성할 수 있는 시간이다. 내담자가 결석하거나 상담자가 휴가를 가는 등의 상황을 감안한 것이다.

이 같은 훈련이 의미하는 것은 분명하다. 마음의 문제를 갖고 있는 사람들을 직접 만나서 그들의 이야기를 들어 봐야 한다는 것이다. 임상 현장에서 만나는 사람들은 결코 간단한 문제를 갖고 있지 않다. 그들은 혼자서는 도저히 해결할 수 없는 엄청난 불편감을 안고 상담자를 찾아온다. 상담소라는 곳이 가볍게, 쉽게 들르는 곳은 아니지 않는가.

지인의 소개로 나를 찾아온 20대 초반의 내담자는 깊은 우울증을 호소했다. 그는 자신에게 우울을 유발할 만한 일이 있는 것은 아니라고 말했다. 하지만 자신은 너무나 슬프고 우울하며, 자신의 '뭐가 존재하지 않는 것처럼' 느껴진다고 했다. 마치 블랙홀에 빠져드는 듯한 이 어지러운 느낌이 너무 싫다고도 했다. 그 느낌이 무엇인지 좀 더 설명해 달라는 내 요청에 그는 이렇게 말했다.

"선생님, 선생님이 지금 무얼 하시려는지 알아요. 제가 상담을 많이 받아 봤거든요. 선생님이 저를 도울 수 있는 방법은 하나예요. 제가 어떻게 하면 고통 없이 죽을 수 있는지를 알려 주시는 거예요."

나는 큰 충격을 받았다. 이런 그를 어떻게 도울 수 있을지 난감했다.

상담 현장에서 마음이 아픈 이들을 돕는 일은 매우 힘들다. 그저 돕고 싶다는 마음만으로 해낼 수 있는 일이 아니다. 그런 이들을 돕기 위해서는 그와 유사한 고통을 호소하는 다른 사람들의 이야기를 오랫동안 듣고 관찰하고 도와준 경험이 충분히 있어야 한다. 어떤 일에 만 시간을 투자하면 그 일에 전문가가 될 수 있다는 '만 시간의 법칙'은 상담과 돌봄 분야에도 적용된다.

바른 돌봄과 상담은 훈련과 교육을 받은 사람이 제공할 수 있다. 비단 정신분석가의 이야기만이 아니다. 돌봄의 경험은, 돌봄을 제공하는 위치에 있는 모든 사람에게 필요한 훈련이다. 사람은 누구나 인생의 일정 기간 동안 돌봄을 받는다. 하지만 인생에서 돌봄을 받기만 하는 기간은 생각보다 짧다. 초등학교 고학년만 돼도 후배를 돌봐야 하는 위치에 있게 된다. 우리는 좋든 싫든, 원하든 원하지 않든 돌보는 사람이 되기 마련이다. 그리고 미숙했던 돌봄의 경험을 통해 점점 성숙한 돌봄에 이른다. 한 가지 덧붙이자면, 다양한 경험을 가진 사람이 그렇지 않은 이들보다 돌봄을 더 잘 제공할 수 있다. 따라서 경험을 두려워해서는 안 된다. 가능한 한 다양한 경험을 통해 내 지식과 삶을 풍성하게 하는 것이 내 자신에게뿐만 아니라 나를 만나는 사람에게도 유익하다.

_____

내가 먼저 좋아져야…

두 번째, '자기분석'이다. 분석가가 되려는 사람은 먼저 자신을 분석해야 한다. 이때 누군가의 도움이 필요하다. 내가 공부하던 당시 미국에서 공인 정신분석가가 되려면, 분석가 자격증을 가진 사람에게 300시간의 분석을 받아야 했다. 300시간의 분석은 시간적으로도 쉽지 않은 일이지만, 경제적으로도 어려운 일이다. 참고로 뉴욕의 분석가들이 한 회기에 받는 비용은 백 불에서 이백 불 사이이다.

이처럼 많은 시간과 돈을 투자해서라도 자기분석을 받게 하는 이유는 분명하다. 돌봄을 제공하는 사람이 돌봄을 받는 사람보다 성숙해야 하기 때문이다. 긴 시간의 자기분석은 개인의 성숙을 돕는 방법 중 하나다.

지금까지 분석관계에서 생기는 다양한 역동을 전이와 역전이, 그리고 투사적 동일시라는 개념 속에서 살펴봤다. 결국 이것들은 내담자의 해결되지 않은 감정과 다듬어지지 않은 성격의 일부가 분석가에게 건네지고, 분석가는 이를 순화시켜 되돌려주는 과정이라고 단순화시켜 이야기할 수 있다. 그런데 만약 분석가가 이 어둡고 왜곡되고 찢긴 감정을 순화시킬 능력이 없다면 어떻겠는가? 아무리 분석가가 자신을 치료자로 보여 주려 애쓴다 해도 분석가 본인에게 해결되지 않은 유년 시절의 갈등과 상처가 존재한다면, 결코 내담자에게 좋은 것을 돌려줄 수 없다. 내담자와의 관계에서 일어나는 일들은 무의식적 과정이기 때문이다. 따라서 분석가는 먼저 자기 자신을 분석해서 자신의 무의식을 의식화시켜야 한다.

또한 좋은 분석가를 만나 300시간 이상의 분석을 받는 동안 분석 수련생은 좋은 분석가의 분석적 개입을 배우게 된다. '좋은 분석가의 분석적 개입'이란, 강박적으로 무엇을 해야 한다거나 어떻게 해야 한다는 것을 의미하지 않는다. 내가 만났던 분석가는 그런 점에서 오히려 정반대였다.

뉴욕에서 만난 분석가 캐서린 리스(Katherine Rees)는 할머니 분석가였다. 그녀는 안나 프로이트(Anna Freud, 프로이트의 딸)에게서 수련을 받았다고 자신을 소개했는데, 나와 만나는 동안 상담적 개입이라 불릴 만한 그 무엇도 내게 하지 않았다. 물론 내가 분석 수련생이라는 이유도 있었겠지만, 그녀는 그저 내 이야기를 경청하는 데 많은 시간을 할애했다. 그녀의 이런 반응이 처음에는 신선했고, 수용받는다는 느낌이 들도록 만든 것도 사실이다. 하지만 시간이 지날수록 나는 그녀의 그런 반응에 점점 짜증이 났다. 내게 아무것도 해 주지 않는다는 생각에 화가 나기도 했다.

지금까지 책을 잘 읽어 온 독자라면 이것이 무엇을 의미하는지 알 수 있을 것이다. 이것은 분석가에 대한 나의 전이였다. 나는 상담에서 내가 느낄 수 있는 무언가가 체계적으로 진행되어야 한다고 느꼈고, 분석가가 그렇게 해 주기를 기대하고 있었다. 결국 그런 마음은 내 전이를 구성하는 일부분이었다. 이것은 내 마음으로 들어가는 중요한 장면의 시작점이 되었다.

대개 분석을 시작할 때 많은 사람들은 이 분석을 통해 자신의 삶에 놀라운 개선이 있게 될 것이라고 기대한다. 또한 분석가와 협력하여 분석 시간을 최대한 효율적으로 사용하려고 한다. 내가 나의 분석가에게 그런 것처럼, "어떻게 하면 될까요?" 질문하며 조언을 요청하려고 할 것이다. 하지만 그런 기대와 요구, 또 노력은 강박적인 내적세계가 분석관계에 전이되어 옮겨진 것일 수 있다. 다시 말해, 내면에 자리 잡은 높은 행동 기준이 분석관계에 표현된 것일 수 있다는 이야기다. 어쩌면 이런 내적세계가 변화되어 자신과 타인에 대해 좀 더 관대하고 여유로운 관점을 갖게 되는 것이 보다 중요한 것인지도 모른다.

만약 내 강박적인 요청과 요구에 그녀가 압력을 받아 내가 원하는 대로 무엇인가를 내게 해 주려 했다면 어땠을까? 아마도 내 무의식에 존재하는 쓴 뿌리가 변화를 겪는 데 어려움이 있었을 것이다. 하지만 그녀는 내 전이의 압력 속에서도 여유로운 자세를 유지했다. 그리고 이런 과정을 거쳐 내 무의식적 마음이 더욱 드러나고 표현될 수 있도록 도움을 주었다.

돌봄의 영역에서는 무의식적 교류의 과정이 존재한다. 아무리 이론을 공부했다 하더라도 무의식적 교류의 과정까지 통제하기는 어렵다. 말 그대로 '나도 모르게' 이뤄지는 과정이기 때문이다. '교류'라는 표현에서 나타나듯이 돌봄을 제공하는 사람과 받는 사람은 서로 영향을 주고받는다. 따라서 분석가를 포함하여 돌봄을 제공하는 위치에 있는 사람들, 예를 들어, 교사나 부모는 자신의 마음을 돌아보는 과정이 반드시 필요하다. 의식적인 노력과는 별개로 나도 모르게 나의 쓴 뿌리가 내 돌봄을 받는 사람에게 전달될 수 있기 때문이다.

예를 들어, 강박적인 사람이라면 지나치게 높은 행동 기준을 요구할지 모른다. "동생을 돌보지 않을 만큼 이기적이고 무책임하다니 너에게 실망했다." 이런 말은 돌봄을 받는 사람에게 죄책감을 주입하여 높은 행동 기준을 따르도록 요구하는 것이라고 분석할 수 있다. 결국 돌보는 사람과의 관계 속에서 돌봄을 받는 사람 또한 '~해야만 한다'는 강박적 성향을 갖게 된다. "사람들에게 그런 식으로 행동한다면 결국 아무도 네 곁에 없을 거야." 이는 두려움을 주입시켜 어떤 행동을 하거나 하지 않도록 요구하는 것이다. 이를 통해 돌봄을 받는 사람은 세상은 안전하지 못하고 자신은 소외될 것이라는 편집적인 환상을 갖게 될 수 있다.

무의식을 의식화하여 나에게 일어나는 내적 역동에 대한 인식을 높이고 그것을 수용할 수 있을 때, 우리는 내 무의식의 쓴 뿌리를 은연중에 사람들에게 전달하는 일을 멈출 수 있다.

세 번째, '사례 지도'이다. 이를 보통 '슈퍼비전'이라고 일컫는다. 아직 자격증이 없는 수련생이 환자를 만나기 위해서는 자격증을 가진 분석가의 도움을 받아야 한다. 총 200시간이 요구되는데, 매주 두 사람의 분석가를 만난다. 시간적으로나 경제적으로 큰 비용을 지불해야 하는 일이다.

정신분석에서 사례 지도가 갖는 의미는 남다르다. 슈퍼비전을 제공하는 슈퍼바이저와 오랜 시간 관계를 맺으며 정신분석의 치료적 개입을 전수받게 된다. 도제식 교육으로도 볼 수 있지만 한쪽의 절대적인 복종이 요구되는 상하관계는 아니다. 여기에서 주로 다루는 것은 수련생과 그의 내담자 사이에서 일어나고 있는 전이와 역전이, 그리고 투사적 동일시에 맞춰져 있다. 슈퍼바이저는 사례를 다루는 수련생이 분석가로서 어떤 사람인지 더 잘 알 수 있도록 도움을 준다.

나의 슈퍼바이저였던 분석가 머얼 몰라프스키(Merle Molofsky)는 자주 내게 이렇게 이야기했다.

"장 박사님은 전이를 촉발시키는 능력이 있어요. 그게 치료에 도움이 되기도 하고 또 그렇지 않을 수도 있어요."

이처럼 슈퍼바이저는 치료자가 어떤 전이를 일으킬 수 있고, 또 그것이 어떻게 치료적으로 도움이 될 수 있는지를 치료자가 볼 수 있도록 돕는 역할을 한다. 나는 내가 전이를 어떻게 촉발할 수 있는지를 슈퍼바이저를 통해 이해함으로써, 내가 내담자들에게 어떤 도움을 줄 수 있는지를 배우게 되었다.

사례 지도의 또 다른 의미는 분석 수련생의 자기감 관리에 있다. 자기감에 대해서는 곧 자세히 이야기할 텐데 우선 간단히 '자신에 대한 느낌'으로 이해하면 된다. 분석 수련생은 아직 현장 경험이 없고, 스스로 미숙하다고 생각하기에 분석가로서의 자기감 유지에 어려움을 겪는다. 이때 슈퍼바이저는 수련생의 자기감 유지를 위해 도움을 준다. 지금 잘하고 있으며, 배움의 과정 중에 일어나는 실수나 잘못은 인간적이고 자연스러운 것임을 일깨워 주는 것이다.

내가 슈퍼바이저로 있을 당시 더 이상 상담을 진행할 수 없게 되었다고 절망하며 나를 찾아온 상담자가 있었다. 어느 내담자를 만나면서부터 공황이 찾아왔고, 그로 인한 공포감이 만나는 모든 내담자에게 확장된 것이었다. 자기감의 유지가 어렵게 되면 특정 경험에서의 불안이나 공포감이 삶의 모든 분야에 걸쳐 확대되는 것이 일반적이다. 따라서 누군가가 자기감을 다뤄 주는 역할을 할 필요가 있다. 슈퍼바이저는 수련생이 자기감을 유지할 수 있도록 그에게 희망과 격려를 제공한다.

마지막으로, 분석가가 되기 위해서는 '이론 교육'이 뒤따른다.

약 450시간 동안 사례와 이론을 연결시키는 교육을 받게 된다. 소수의 학생들로 이뤄지는 이 교육은 슈퍼비전의 연장선에 있다고 말할 수 있다. 학생들은 자신의 상담 사례를 이론과 연결시켜서 이야기해야 하고 분석가들은 이에 대해 코멘트를 해 준다.

의존하는 존재로서의 인간

이렇듯 분석가가 되는 길은 쉽지 않다. 일정 교육을 이수해야 하고, 분석가들 앞에서 사례 발표를 해야 하며, 협회의 심사를 거쳐야 한다. 그런데 내가 분석 수련의 네 가지 축을 설명하면서 정말 이야기하고 싶은 것은 과정의 어려움이 아니다. 내가 말하려는 것은, 분석가가 되기 위해서는 반드시 다른 누군가의 도움을 받아야 한다는 점이다. 이는 전문적인 지식의 전수만을 의미하지 않는다. 분석가가 되기 위해서는 누군가로부터 정서적이고 심리적인 돌봄과 보살핌을 받아야 한다. 우리는 항상 누군가에게 의존되어 있으며 다른 사람의 사랑이 필요하다는 것을 체계화시킨 수련이 바로 정신분석 수련이라고 볼 수 있다. 분석가는 누군가와의 관계 속에서 자신을 비춰 보고 성찰하는 과정을 거쳐서 성숙하게 된다.

사람은 누군가에게 의존되어 있는 존재이다. 정신분석이 인간의 무의식을 탐구하면서 알게 된 무의식적 소망 가운데 하나가 바로 이것이다. 사람은 누구나 다른 사람에게 인정과 보살핌, 그리고 관심을 받고 싶어 한다. 그런데 이 욕구가 좌절되거나 만족되지 못할 때, 스스로 그 욕구를 포기하거나 희생시키게 된다. 어린 시절, 거절과 질책을 많이 경험한 사람은 비난이나 업신여김을 받게 될 것이라는 두려움을 키우게 될 것이고, 결국 의존의 욕구를 포기하고 사람들을 회피하게 된다. 남에게 의존하는 것은 유치하고 약한 것이라는 교육을 받고 자란 경우, 사람들에게 쉽게 자신을 드러내기 어렵다. 또한 이용당할 것이라는 무의식적인 생각이 커지면 사람에게 의존하려는 자신의 욕구를 억압한다. 하지만 인간이 아무리 억압하고 회피해도 무의식 깊은 곳에는 의존에 대한 뿌리치기 어려운 욕구가 있음을 정신분석은 알게 되었다.

이에 대한 논의를 발전시킨 이론을 살펴보면서 인간의 의존성에 대해 설명하면 조금 더 쉽게 이해할 수 있을 것이다.

누구에게나
숨겨진 마음이 있다

나에 대한
느낌

정신분석은 점차적으로 그 초점과 강조점이 변화되며 새로운 이론들이 등장했다. 그 가운데 자기감(sense of self)을 강조한 흐름이 나타났는데, 바로 코헛(Heinz Kohut)의 자기심리학이다. 자기심리학은 인간을 마치 자기감을 유지하고 관리하는 일종의 시스템으로 이해한다. 마음의 질병을 이해하는 데 자기감이 차지하는 비중이 크다고 보는 입장이다.

자기감은 자신에 대한 주관적인 느낌과 감각을 의미하는 개념이다. 우리는 나 자신에 대해 꽤 괜찮다는 느낌을 가질 수도 있고, 때로는 스스로가 못났다고 느낄 때도 있다. 이 같은 주관적인 느낌은 하루에도 시시각각 달라질 수 있다. 그렇기에 자신에 대한 좋은 느낌을 갖는다는 것이 무엇이며, 어떻게 자기감을 유지해야 하는지는 중요한 화두가 될 수 있다.

자신에 대해 좋은 느낌을 비교적 잘 유지할 수 있다면, 건강하고 행복하게 살아갈 수 있다. 하지만 자신에 대해 좋은 느낌이 별로 없고, 또한 자신에 대한 좋은 느낌을 유지하는 것이 어렵다면, 그 사람은 보다 쉽게 마음의 문제에 노출된다.

마음의 문제

아들의 우울증과 무기력으로 어려움을 호소하는 어머니를 만난 적이 있다. 아들은 방 침대에 누워 꼼짝달싹하지 않은 채 어머니에게 방 안에 어지럽게 널려 있는 것들을 버려 달라고 부탁했다.

"엄마, 저 휴지 좀 버려 줘. 과자 봉지도. 여기 음료수 캔도 버려 줘."

행여나 아이가 더 힘들어지지는 않을까 염려된 어머니는 아들의 요청대로 쓰레기를 대신 버려 줬다. 하지만 마지막 부탁만은 들어줄 수가 없었다. 어머니는 그 부탁을 들었을 때 마음이 무너져 내렸다고 했다. 아들의 마지막 부탁은 "엄마 나도 버려 줘"였다.

자신에 대한 좋지 못한 느낌은 한 사람을 우울증과 무기력에 빠져들게 한다. 그러나 자기감을 항상 좋은 상태로 유지하기란 어려운 일이다. 우리는 날마다 나에 대한 좋은 느낌에 손상을 주는 크고 작은 일들을 경험한다. 사람들로부터 좋지 않은 평가나 비난을 듣게 되면, 나 자신에 대해 좋은 느낌을 갖기 어렵다. 주어진 과제를 훌륭하게 마무리 짓지 못했을 때, 우리는 스스로의 실력 없음과 부족함을 탓할 수 있다. 때로 연속된 불행을 경험하게 되면, '나 같은 사람은 태어나지 말았어야 하나' 하는 생각에 이르기도 한다. 늘어나는 주름과 불룩하게 나온 뱃살은 나를 썩 좋게 보이지 않게 한다. 사랑하던 사람과 이별이라도 하면 내가 잘못한 일들을 생각하며 괴로워한다. 이런 것들은 모두 나 자신에 대해 좋게 생각하는 능력을 공격해 오는 일상의 경험이다. 이처럼 자신에 대한 좋은 느낌을 갖기 어렵고 또 자기감을 유지하기 어려운 상태에 처할 때, 사람은 쉽게 마음의 문제를 갖게 된다.

물론 사람마다 차이가 있다. 어떤 사람은 비교적 자기감을 잘 유지하는 반면, 어떤 사람은 사소한 것에도 자기감을 유지하지 못한다. 동일한 실패를 경험하고도 어떤 사람은 사람들과의 관계 속에서 비교적 빠른 시간 안에 자기감을 회복할 수 있는 반면에, 어떤 사람은 수개월 동안 우울하고 무기력한 상태에 빠져들 수 있다. 예를 들어, 오랫동안 준비한 입학/취직 시험에서 좋은 결과를 받지 못하고도 이내 마음을 추스르고 다음 기회를 준비하는 사람이 있는가

하면, 어떤 사람은 얼굴에 난 여드름 하나로 마음이 무너져 깊은 우울감에 빠질 수 있다. 식당 종업원의 불친절을 계속 마음에 담아 두고 하루 종일 고통을 받는 사람도 있다. 이렇듯 자기감 관리는 사람마다 다르다.

나의 자기감 체크

당신은 어떤가? 자신에 대해 좋은 느낌을 갖고 있는가? 자신을 신뢰하고 사랑하는가? 어려운 상황 속에서도 다시금 스스로를 존중할 수 있는 능력이 있는가? 나의 자기감을 어떻게 유지하고 관리하는가? 무엇이 나의 자기감을 고양시켜 주는가? 이 질문은 분석가들이 내담자들을 만날 때 던지는 중심 질문 중에 하나이다. 하지만 분명한 사실은 자기감은 일종의 뿌리 느낌으로 개인이 의지적으로 끌어올린다고 해서 생겨나는 것이 아니라는 점이다. 그것은 의식을 넘어 무의식에서 비롯되는 나 자신에 대한 느낌이다.

나 자신에 대해 좋은 느낌을 갖고 있는지 그렇지 않은지를 알 수 있는 순간이 있다. 바로 아침이다. 하루를 시작하며 문득 거울에 비친 내 모습을 볼 때 느껴지는 감정이 무엇인가? 오늘의 삶이 기대되는가? 희망과 용기가 살아나는가? 나는 꽤 괜찮고, 오늘 만날

누구에게나
숨겨진 마음이 있다

사람들로부터 환영받을 존재라고 느껴지는가? 아니면 거울에 비친 내 모습에 저절로 인상이 찌푸려지면서 오늘도 고통의 연장이라고 생각되는가? 오늘 만나게 될 사람들 생각에 벌써부터 가슴이 답답한가? 혹시라도 나는 태어나지 말았어야 한다고 느끼는가? 전자는 자신에 대해 좋은 느낌을 갖고 있는 것이고, 후자는 자신에 대해 좋지 못한 느낌을 갖고 있는 것이다. 자신에 대한 느낌은 이처럼 차이가 있을 수 있다.

물론 자신에 대해 과대평가하고, 무조건 자신을 좋게만 생각한다면 그것 또한 문제이다. 수안보에 있는 온천에 갔을 때의 일이다. 머리를 말리고 있는데 한 중년 남성이 옆에서 머리를 만지며 혼잣말을 하고 있었다. "완전 정우성 아니야!" 이것은 과대망상까지는 아니더라도 분명 자신에 대한 과대평가를 담고 있는 말이다. 이것 또한 자기심리학에서는 자기감을 유지하기 어려운 상태로 본다. 자신을 과장해서 봐야만 자신에 대해 좋은 자기감을 유지할 수 있기 때문이다.

자기감이 견고하다는 것은 자신에 대해 좋은 느낌을 형성할 수 있는 능력뿐만 아니라 자기 자신의 능력과 한계를 비교적 현실적으로 판단하는 능력까지 포함한다.

건강한 자기감은 성공의 열쇠

자기감은 한 사람으로 하여금 인생에서 성공할 수 있도록 돕는 중요한 요소이다. 아무리 좋은 학교를 졸업하고 좋은 스펙을 갖췄다고 해도 자신에 대한 좋은 느낌을 갖기 어렵다면 자신이 가진 능력을 십분 발휘하기 어렵다. 내가 상담을 하면서 발견한 것은 명문대학교를 졸업하고 남들은 부러워하는 위치에 있으면서도 스스로를 부족하게 여기는 사람들이 있다는 것이다. 자신에 대해 좋은 느낌을 가질 만도 한데, 안타깝게도 어떤 이들은 스스로에게 좋은 평가를 내리지 못한다. 분명한 것은 이런 내적 비난과 비판 구조를 가진 사람은 자신의 능력을 충분히 발휘하기 어렵다는 사실이다.

비록 공부나 일, 관계에 있어서 실수가 있다 하더라도, 자신의 선택을 신뢰하고 또한 자신의 감정과 느낌을 알아주고 확인할 수 있는 사람은 행복하게 살아갈 수 있다. 가지고 있는 능력을 발휘하기도 쉽다. 낯선 곳에 가더라도 사람들로부터 환영과 사랑을 받을 것이라는 느낌은 자신의 능력을 자신 있게 보이도록 돕는 내적인 자원이 된다. 반대로 누군가 나를 비난하고 의심의 눈초리로 보고 있다고 지속적으로 느낀다면, 때로는 존재하지도 않는 평가나 비난에 지나치게 신경 쓰며 자신의 에너지를 소진할 수 있다.

이처럼 건강한 자기감은 중요하다. 이는 마음의 문제에서 멀어

저 행복한 삶을 살아갈 수 있도록 이끄는 중심 요소이다. 자기 자신에 대한 좋은 느낌은 나 자신과 주변의 사람들을 사랑할 수 있는 능력을 제공하고, 인생의 여러 경험에 용기 있게 도전하도록 돕는다. 그렇기에 정신분석의 핵심적인 작업 중 하나는 스스로를 새로운 방식으로 바라볼 수 있도록 돕고, 상황에 맞게 자기감을 관리할 수 있도록 돕는 것이다.

자기감은 외부 대상 의존적

여기서 자기감과 관련된 중요한 사실 한 가지를 다시 언급할 필요가 있다. 이것은 최근 정신분석뿐만 아니라 다른 학문들에서도 동일하게 강조하는 중요한 발견으로, 이를 이해하는 것은 자기감 유지가 인생에서 중요하다는 것을 아는 것만큼이나 중요하다. 바로 자기감이 외부 대상 의존적이라는 사실이다. 풀어서 설명하면, 자기감을 유지하고 관리하는 일은 항상 누군가의 반응과 도움에 기대고 있다는 것이다.

자기 계발서들이 동일하게 이야기하는 것이 있다. 바로 나 자신을 존중하고 스스로를 긍정적으로 바라보는 것이 중요하다는 것이다. 꼭 그런 책들을 읽지 않더라도 우리는 자신에 대해 보다 좋은 느낌을 갖고 살아가기를 희망한다. 또 의지적으로 노력해서 높은 자기감의 상태에 이르려 한다. 물론 이런 의지적인 노력은 중요하다. 그러나 자기심리학은 자기감이 항상 외부 대상의 반응과 도움에 의존할 수밖에 없다고 가르친다.

아주 단순한 예를 하나 들어 보려 한다. 오랜만에 비싼 옷을 샀다고 가정하자. 그 옷을 입고 회사에 출근하거나 학교에 갔는데 누군가 옷이 멋있다고 말하면서 새로 산 옷을 알아봐 주었다면, 그 옷은 나에 대해 좋은 느낌을 갖게 한다. 매우 사소한 이야기처럼 들리겠지만, 이는 꽤 중요한 것을 담고 있다. 바로 '인정받음'이다.

인간은 늘 누군가가 자신을 알아주고, 누군가에게 인정받기를 원한다. 마치 인정받기 위해 태어난 것처럼 인정받음에 대한 강한 욕구를 갖고 있다. 우리가 일상에서 하고 있는 모든 노력을 돌이켜 보면, 결국 다른 사람에게 인정을 받기 위한 것이라는 걸 어렵지 않게 알 수 있다. 왜 공부하는가? 왜 좋은 옷을 입고 좋은 차를 타기 원하는가? 왜 좋은 직장에 들어가고 싶어 하는가? 그리고 지금 나는 무엇 때문에 이 책을 저술하고 있는가? 우리가 삶에서 하는 많은 활동은 결국 다른 사람에게 인정받기 위한 것일 때가 많다. 오늘날 그런 인정은 '좋아요'를 누른 사람의 숫자나 유튜브 채널의 구독자 수에 의해 결정되기도 한다. 그리고 그 같은 인정받음을 통해 우리는 자신에 대한 좋은 느낌을 형성하게 된다. 바로 이것이 자기감이 외부 대상 의존적이라는 것을 말해 준다.

인정받기 위해 태어난 사람

결과적으로 이렇게 말할 수 있다. "인간은 그렇게 생겨 먹었다." 맞다. 인간은 인정받기 원한다. 그리고 인정받음은, 인간이 자기감을 유지하기 위해서 반드시 필요하다. 인간은 누군가의 인정과 반응을 통해 자기감을 유지할 수 있다. 사람이 이처럼 의존적인 동물이다. 따라서 이를 부인하는 순간, 어려움이 발생한다.

의존에 대한 욕구는 영성을 추구하는 종교인이든, 성숙하고 독립적인 사람이든 상관없이 누구에게나 해당되는 보편적인 욕구이다. 내가 만나 본 영성가들은 보통의 사람들보다 분명 성숙했다. 하지만 이것이 그들은 다른 사람의 반응을 필요로 하지 않는다는 것을 뜻하지는 않는다. 그들은 누군가를 영적으로 돕고 안내하는 가운데 자신의 자존감을 유지하게 된다.

상담사도 마찬가지이다. 상담사가 상담사로서의 자기감을 유지하기 위해서는 상담사를 찾아와 마음의 문제를 이야기하는 내담자가 필요하다. "선생님 때문에 많은 것이 좋아졌어요. 참 많이 도움을 받았습니다. 진심으로 감사드려요." 내담자가 이렇게 말하면 상담사는 상담사로서 좋은 느낌을 갖게 된다. 이를 통해 자신이 하는 일에 대해 자부심을 느끼고 더욱 효과적이고 능동적인 상담을 할 수 있게 된다.

상담을 받은 지 얼마 되지 않았던 한 내담자가 내 눈을 보면서 이렇게 이야기한 적이 있다.

"선생님의 눈만 보고 있어도 치료가 일어날 것 같아요. 선생님은 사슴 눈망울을 가지셨어요."

물론 이것은 앞 장에서 공부한 전이 현상이다. 내 눈망울은 사슴 눈망울이 아니다. 내담자는 나에 대한 일종의 애정화 전이를 갖고 있다. 나는 분석적인 태도로 개입했다. 냉정한 자세로 분석을 마쳤지만, 분석이 끝나고 홀로 남은 나는 상담실에 있는 거울을 보며 흐뭇하게 웃었다. 이것은 숨길 수 없는 반응이다. 이런 내담자의 반응으로 가장 먼저는 내담자의 무의식적 의미를 살펴보겠지만, 한편으로 분석가에게 좋은 기분이 드는 것은 어쩔 수 없는 사실이다.

이와 반대로 상담사를 은근히 비난하고 평가 절하하는 내담자를 만나게 되면 마음이 상한다. 한 내담자는 그동안 자신이 받아 온 분석에 대해 이렇게 이야기했다.

"저는 선생님이 이 분야에서 최고라고 생각하고 여기에 왔어요. 하지만 지금은 그렇게 생각하지 않아요. 선생님은 제게 별 도움이 되지 않았거든요. 저는 더 고통스러워졌고요."

상담사가 내담자에게 이런 말을 듣는다는 건, 정말 힘들고 괴로운 일이다. 물론 상담사에 대한 느낌을 표현하고 있다는 점에서 반갑게 들어야 하지만, 마음이 요동치는 것을 막지는 못한다. 이렇게 상담사의 자기감은 내담자에게 의존되어 있다.

비단 상담사의 이야기일까? 직장인의 경우, 자신이 하는 일에 대한 보람과 자부심은 대개 타인의 평가로 형성된다. 칭찬과 인정은 그가 더 주체적인 자세로 일하게 만든다. 가끔 자신이 하는 일에 대해 높은 자부심을 갖고 있는 이들이 있다. 그들은 그동안 몸담아 온 일에 대해 활기차게 이야기한다. 이때 듣는 사람이 이를 인정해 주면, 그 사람은 자신에 대한 좋은 느낌을 더 견고하게 굳히게 된다. 그래서 때로는 음식 값을 내기도 한다.

무소의 뿔처럼 혼자서 갈 수 없다

개인의 자기감이 외부 대상에 의존되어 있다는 자기심리학의 관점에서는, 건강의 기준이나 척도가 기존의 것들과는 다르다. '건강하다'는 것은 '무소의 뿔처럼 혼자서 가라'는 말이 의미하듯 독립적인 인간이 된 상태를 의미하지 않는다. 한 사람이 건강하다는 기준은 그를 인정해 주고 사랑해 줄 사람이 주변에 얼마나 있는지가 된다. 나를 알아봐 주고 확인해 줄 수 있는 사람들과의 관계가 존재한다면, 그 사람은 정신적으로 건강한 삶을 살아갈 수 있다. 반면, 주변에 나를 알아봐 주고 인정해 줄 사람이 거의 존재하지 않는다면, 그의 정신적인 안녕은 침해받기 쉽다. 소외감과 외로움만큼 인간의 마음을 힘들게 하는 감정이 없다는 것은 이미 많은 연구를 통해 밝혀진 사실이다.

물론 이렇게 나를 알아주고 확인해 주는 대상이 과연 사람이어야 하는지, 아니면 동물이나 사물도 가능한지에 대해서는 아직까지 많은 논의가 있다. 그럼에도 사람과의 관계에서 오는 인정과 사랑이 자기감을 가장 쉽게 유지하고 관리할 수 있는 수단이 된다는 것은 분명하다.

박사 과정에서 함께 공부했던 동료는 사람 만나는 것을 무척이나 꺼렸다. 그러다 보니 늦은 나이에도 결혼을 하지 않았다. 나는 그에게 조언했다.

"사람들이 많은 곳에 가셔야 본인을 다른 사람에게 소개할 수도 있고 알릴 수도 있을 거예요."

그러자 그는 이렇게 대답했다.

"도서관에서 혼자 공부하고 있어도 저를 찾아올 사람들은 운명처럼 찾아오지요."

그는 늘 도서관에서 홀로 공부하면서, 운명처럼 누군가 자신에게 다가올 것이라고 생각했다. 하지만 그런 이유로 그는 연애하기가 무척 어려웠다.

그러던 어느 날, 그가 흥분된 목소리로 말했다.

"제가 요즘 연애를 하는 바람에 그만 수업 시간에도 늦고 그러지 뭐예요."

그가 연애를 하기 시작했다는 말에 기쁘면서도 한편으로 놀라웠다. 평생 혼자 살 것처럼 고립을 자처했던 그가 연애를 한다니! 그런데 그가 내가 소개해 준 두 사람과 동시에 연애를 하고 있다고 이야기했을 때 무언가 잘못 돌아가고 있다는 느낌이 들었다. 나는 그에게 누군가를 소개해 준 적이 없었기 때문이다. 나의 혼란을 아는지 모르는지 그가 이어서 말했다.

"당신이 소개해 준 프로이트와 코헛이 너무 좋아서 그들의 책들을 읽으며 연애하고 있습니다."

물론 책 속의 인물이 개인의 자기감을 유지하는 데 도움을 주기도 한다. 사실이다. 하지만 실제 인간관계에서 오는 즐거움과 기쁨에는 못 미치는 것이 당연할 것이다. 어쩌면 실제 인간관계에서 계속된 상처와 고통이 있었기에 이렇게 가상의 인물이나 환상세계에 빠지게 되는지도 모른다. 인간관계 안에서 지속적으로 아픔을 경험한 사람은 인간관계를 피할 테니 말이다.

자기대상: 내게 반응해 주는 대상

반복하여 강조하지만, 자기감을 유지하기 위해서는 항상 누군가의 반응이 필요하다. 이를 부인한다는 것은 어쩌면 늘 지나치게 평가받고 업신여김을 받고 있다는 전이 감정이 있기 때문인지도 모른다. 타인이 자신을 비난한다고 여기고 이에 두려움을 느낀다면, 인정받고 싶은 소망을 포기하고 자신의 환상세계에 몰두하게 될 수 있다. 이런 경우, 현실 세계가 아닌 게임이나 SNS 등 온라인 세계에서 인정을 받으려 할 수 있다. 또는 병따개 공예 등 혼자서 할 수 있는 활동에 몰입할 수 있다.

자기심리학에서는 개인의 자기감을 유지하고 고양시켜 주는 역할을 하는 외부 대상을 가리켜 '자기대상'이라고 부른다. 자기대상은 대상의 종류와 성격에 따라 세 가지로 나눠 설명한다. 거울 자기대상, 이상화 자기대상, 쌍둥이 자기대상이다. 물론 세분화하면 더 많은 종류의 자기대상이 존재할 수 있겠지만, 넓게는 이 세 가지에 포함시킬 수 있다. 이는 개인의 자기감은 세 가지 경로를 통해 유지되고 지탱될 수 있다는 것으로 이해하면 좋을 것이다.

세 가지 자기대상을 이해하는 일은 유익하다. 누군가의 자기감을 고양시키기 위해 필요한 역할과 반응이 무엇인지 이해할 수 있고, 또한 우리의 자기감이 향상되고 유지되기 위해 필요한 관계가

누구에게나
숨겨진 마음이 있다

무엇인지도 알 수 있다. 다음 장부터 이 세 가지 자기대상에 대해
차차 살펴볼 예정이다.

1. 나 자신에 대해 좋은 느낌을 갖고 있습니까? 나는 비교적 자기감을 잘 관리하고 있다고 생각하나요? 대답에 대한 근거는 무엇입니까? 다른 사람들이 볼 때 나는 '자신감이 있는' 사람일까요, 아닐까요?

2. 사람마다 자신의 자기감을 끌어올리고 유지시키는 활동이나 취미를 가지고 있습니다. 어떤 사람은 봉사 활동을 통해, 또 어떤 이들은 SNS에 사진과 글을 올리면서 자기감을 고양시킵니다. 나에게는 자기감 향상을 위한 이 같은 활동이나 취미가 존재합니까? 있다면, 그것을 진심으로 좋아하나요? 나의 자기감을 유지시킬 수 있는 다양한 활동에 대해 생각해 봅시다.

3. 우리는 누군가의 반응과 도움에 의존되어 있는 존재들입니다. 나는 다른 사람에게 무엇인가를 요청하는 일이 어려운 사람입니까, 쉬운 사람입니까? 만약 다른 사람에게 의존하는 것은 성숙하지 못한 것이라고 생각한다면 이런 생각과 삶의 태도는 무엇에 기인한 것일까요?

누구에게나
숨겨진 마음이 있다

자기대상

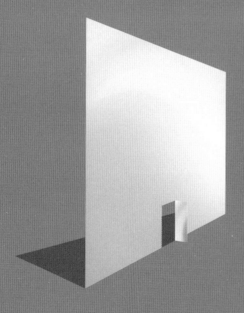

_거울 자기대상

인생에서 만나는
거울들

누구나 성숙한 인관관계를 꿈꾼다. 당신이 생각하는 성숙한 인관관계의 조건은 무엇인가? 성숙하게 사랑을 주고받는 관계를 맺기 위해서는 먼저 내 마음이 단단해질 필요가 있다. 즉, 내 안에 건강한 자기감과 자존감이 세워지는 게 우선이다. 이것은 달리 말하면, 자기감과 자존감이 바로 세워지지 않으면 성숙한 인간관계가 어려울 수 있다는 뜻이다.

그렇다면 마음은 무엇으로 단단해질까? 누군가의 공감적인 반응과 지지이다. 개인의 다짐과 의지만으로 이루어지는 것이 아니라는 점에서 외부에 의존할 수밖에 없다. 나에게 긍정적으로 반응하며 내 행동과 생각에 힘을 더하는 이들이 곁에 있을 때, 내 마음은 견고해진다. 이때, 이 같은 역할을 하는 외부 대상을 '자기대상'이라고 부른다.

팔과 다리처럼 경험되는 대상

자기대상을 문자 그대로 정의하면 '마치 나의 일부처럼 경험되는 대상'이다. 바로 코앞에 리모콘이 보이는데도 다른 누군가에게 리모콘을 건네 달라고 할 때, 요청을 받은 사람은 '자기는 손이 없나'라고 생각할 수 있다. 학교(회사)에서 커피 좀 사와 달라고 부탁하는 선배(상사)의 요구를 들어주면서, 속으로 '자기는 발이 없나'라고 불평한 기억이 있을지도 모른다. 이런 상황은 자기대상이 무엇인지 이해하도록 돕는다. 내가 원하는 무언가를 누군가에게 시킬 때, 그 누군가는 내 몸이 해야 할 일을 대신 하는 것이 되기에 내 몸의 일부와 같은 역할을 한다.

귀찮게 느껴질 수 있는 상황을 예로 들어서 그렇지, 누군가 내 가방을 호의로 들어 준다든가 나 대신 우체국 업무를 기꺼이 봐 준다거나 하는 경우도 마찬가지다. 이렇듯 누군가가 나를 위해 무엇인가를 수행할 때, 나는 그 사람을 나와 아주 가까운 존재로 느낀다.

심리적인 측면에서 이야기하면, 누군가가 내 마음을 떠받치고 지지할 때 우리는 그 사람이 나와 분리되지 않은 존재로 느껴진다. 새로 시도한 헤어스타일에 대해 좋은 평가를 해 주거나 내가 한 프리젠테이션이 유익했다고 말해 주고, 또 내가 가진 기호에 대해 관심을 보일 때, 우리는 왠지 모르게 기분이 좋아진다. 그 순간, 그 사람이 마치 내 몸에 붙어 있는 팔과 다리처럼 나를 위한 존재로 경험된다. 자기대상을 '마치 내 팔과 다리처럼 경험되는 대상'이라고도 부르는 이유이다.

나를 돕고 지지하는 이런 사람들과 함께 있으면, (인식하지 못했을 수 있지만) 나 자신에 대해 좋은 느낌을 갖게 된다. 이렇게 개인의 일부처럼 경험되는 대상으로서 그의 자기감과 자존감을 고양시키고 지탱해 주는 역할을 하는 존재를 자기심리학은 '자기대상'이라고 부른다. 이는 나 자신에 대한 긍정적인 지각과 좋은 느낌이 다른 사람들과의 관계 속에서 결정된다는 것을 보여 준다. 외부 반응에 따라 자신에 대한 인식이 긍정적으로 변화되기도 하고 오히려 그 반대가 되기도 한다는 의미이다.

살면서 주목하지 않았을 뿐 우리 삶에는 자기대상이 늘 존재해 왔고, 지금도 존재하고 있다. 자기심리학에서는 이처럼 개인의 자기감과 연결되어 있는 외부 대상인 자기대상을 세 가지 종류로 나눠서 설명한다. 앞 장 끝에서 언급했듯이 거울 자기대상, 이상화 자기대상, 쌍둥이 자기대상이다. 이 세 가지 자기대상을 살펴보며 자신의 인간관계를 돌아본다면, 치유의 길을 모색해 볼 수 있을 것이다.

이번 장에서는 거울 자기대상에 대해 살펴볼 예정이다.

내가 누구인지 비춰 줘요

거울 자기대상은 내가 아주 중요한 사람이라고 느끼도록 나를 지지하고 공감해 주는 대상을 의미한다. 다시 말하자면, 나는 가치 있는 존재이며, 다른 사람들로부터 있는 그대로 받아들여질 만한 존재라는 것을 경험할 수 있도록 돕는 대상이다.

우리는 하루에도 여러 번 거울 앞에 선다. 내 모습을 확인하기 위해서다. 거울 속 내 모습이 단정하다면 내 실제 모습도 그럴 것이다. 반면, 얼굴에 뭐가 묻고 머리가 헝클어져 있다면 내 지금 모습이 그렇다는 이야기다. 거울이 비추는 모습이 곧 내 모습이기 때문이다.

그런데 이 거울(사물) 말고도 우리는 살면서 많은 '거울' 앞에 서게 된다. 인생의 초기에는 부모라는 거울 앞에 선다. 그들이 나를 어떻게 비추느냐에 따라 나의 인격과 자기상이 형성된다. 부모는 자녀가 누구인지 있는 그대로 비춰 주기도 하지만, 때로 부모 자신들이 이루지 못한 소망과 기대로 자녀를 비추기도 한다.

한 내담자는 어린 시절 부모가 자신에게 늘 이렇게 말했다고 반복해서 이야기했다. "네 그런 몸이 다른 사람들에게 어떻게 비춰지겠니?" 아무런 악의 없이, 정말로 자녀의 건강이 걱정되어 한 말일 수 있다. 그런데 그 말이 내담자에게 거울 역할을 했다. 자신을 형편없이 보이게 하는 거울을 만나게 된 것이다. 그 결과, 안타깝게도 왜곡된 자기 지각과 자기상을 형성하게 되었다.

물론 인생에는 부모의 거울 외에도 친구라는 거울, 동료라는 거울, 선생님이라는 거울, 상사라는 거울이 있다. 그리고 그 거울을 통해 우리는 내가 누구인지를 비춰 본다. 예를 들어, 중·고등학교 시절 친구들이 내 취미와 기호, 능력을 알아주고 인정해 주었을 때, 우리는 자신에 대해 좋은 느낌을 갖게 되고 자기효능감(스스로에게 문제 해결 능력이 있다는 믿음과 기대)이 높아진다. 반면에 친구들로부터 소외되고 따돌림을 받게 되면, 꽤 오랫동안 지우기 힘든 수치감이 마음속에 깊게 자리 잡는다.

입사한 지 얼마 되지 않아 실수를 연일 하고 있었던 한 내담자는 회사에 출근하는 것이 두려웠다. 그날도 A라는 회사에 보내야 할 서류를 이름이 비슷한 회사인 A′에 보내는 실수를 했다. '완벽해야 한다'는 생각을 갖고 있는 내담자에게 실수도 당당하게 할 필요가 있다고 나는 강조했었지만, 그는 상사에게 연신 죄송하다고 말했다. 지나치게 사과를 반복하면 상사는 자신도 모르게 실수한 직원을 더 나무랄 수 있게 된다. 그런데 그 상사는 부드럽게 말했다.

"그렇게 계속 죄송하다고 말하지 말아요. 늘 실수하는 거예요. 이 회사는 이름이 왜 이렇게 비슷해서 사람을 헷갈리게 만들어."

상사는 실수한 직원을 나무라기보다 이름이 비슷한 회사들을 탓하며 내담자의 놀란 마음을 달래 주었다. 그뿐만 아니라 실수로 괴로워하는 직원의 마음을 깊이 공감해 줬다. 이런 상사의 거울 앞에 서면 우리의 마음은 훨씬 안정적이게 된다.

이렇듯 어떤 거울 앞에 서게 되는가는 매우 중요하다. 거울에 따라 스스로를 바라보는 시각이 달라지기 때문이다. 사람은 공감적 반응을 통해 자신이 가치 있고 특별하다는 느낌을 갖게 되고, 이전보다 능률이 오르게도 되며, 효과적인 관계를 형성할 수 있게 된다. 이것은 우리가 상대에게 공감적인 반응을 보일 필요가 있다는 의미이기도 하다.

정리하자면, 거울 자기대상은 인정받고 싶고 가치 있는 존재가 되고 싶은 마음을 알아주고 반영해 주는 외부 대상이다. 만약 주변에 거울 자기대상이 존재하지 않는다면, 자신이 중요하고 가치 있는 존재라는 느낌을 경험하기 어려울 것이다. 이는 자신에 대한 신뢰와 효능감을 떨어뜨리고, 사람들이 나를 어떻게 볼까에 지나치게 민감하게 만든다.

바바리를 사러 가는 이유

자기심리학은 무엇보다 어린 시절 부모와 자녀와의 상호 작용을 강조한다. 인생에서 거울 자기대상은 늘 필요하지만, 특별히 어린 시절 부모와 자녀의 상호 작용은 한 사람의 자기 구조를 건강하고 견고하게 만들어 성숙으로 이끌기 때문이다. 성숙한 자기 구조는 성숙한 의존을 할 수 있게 하는 반면, 성숙한 자기 구조를 형성하지 못한 경우 원초적이고 미숙한 의존을 하도록 만든다. 여기서 말하는 '자기 구조'란, 뇌 어디엔가 존재하는 물리적 실체를 지칭하는 말이 아니다. 자기 구조는 인간을 일종의 자기감을 유지하는 심리적 존재라고 가정했을 때, 일상에서 자기감을 유지해 가는 가상적 심리기구로 이해할 수 있다.

미국에서 공부하던 시절, 하루는 다섯 살쯤 되어 보이는 아이가 알몸인 상태로 집 밖을 나오는 것을 목격했다. 곧 어머니도 함께 뛰어나왔다. 그런데 금세 아이를 따라잡은 어머니가 아이를 안고 뭐라고 말했는지 아는가.

"우리 ○○의 몸은 어쩌면 이렇게 예쁠까? 하나님은 어쩌면 이렇게 예쁜 엉덩이를 만들어 주셨을까? 엄마가 집에 들어가서 맛있는 쿠키 만들어 줄게."

내 예상과는 다른 반응에 상담을 공부하는 나로서도 무척 놀랐다. 물론 미국이나 한국이나 미숙하고 파괴적인 양육 태도를 보이는 부모가 많은 것이 사실이다. 그럼에도 이 같은 반응은 한국에서는 매우 찾기 어렵다. 아마도 그 아이는 자신의 신체에 대해 '중요하고 가치 있다'는 느낌을 이른 초기부터 형성하게 될 것으로 예상할 수 있다.

이와 유사한 상황을 귀국 후 한국에서도 목격하게 되었다. 애들은 왜 그리 자꾸 알몸으로 돌아다니는지 모르겠지만 아파트 놀이터로 한 아이가 알몸으로 뛰어나오고 있었고, 역시 어머니가 아이를 향해 달려오고 있었다. 어떤 일이 벌어질까 궁금했던 나는 그 모습을 유심히 지켜보았다. 아이를 잡은 어머니는 손바닥으로 아이의 등을 찰싹 때리며 소리쳤다.

"얼른 집에 들어가서 옷 입어! 아휴 진짜, 얘는 왜 이렇게 변태같이 행동할까."

이 어머니가 자녀를 사랑하지 않는 것일까? 아니다. 행여나 아이가 자꾸 옷을 벗고 나가게 되지는 않을까, 혹은 사람들이 이상하게 보지는 않을까 싶어 그렇게 이야기했을 것이다. 하지만 아이는 엄마의 말을 통해 자신의 몸에 대한 특별함과 가치를 느끼지 못할 뿐더러, "변태 같다"는 말에 위축될는지도 모른다.

초기 유년기 아이들은 자신의 신체가 우월해 보인다는 느낌을 갖기 원한다고 분석가들은 말한다. 어른의 눈에는 어떨지 모르지

누구에게나
숨겨진 마음이 있다

만, 아이는 자기 몸이 특별하고 가치 있다고 느끼고 싶어 한다. 이런 아이의 마음에 공감적으로 반응한다면, 아이는 자신이 가치 있고 특별하다고 느끼게 될 것이다. 많은 정신분석가들에 따르면, 유년 시절 자신의 신체에 대한 긍정적 반응의 경험이 인생을 살아가는 데 있어 나 자신과 세상을 신뢰하고 희망적으로 바라보게 하는 원동력이 된다.

부모가 아동의 그 마음을 읽어 주고 반영해 준다면, 아이의 자기 구조는 건강하게 발달해 간다. 반면 아이의 마음에 무관심하거나 부정적으로 반응한다면, 아이는 자신의 신체에 대한 성숙하지 못한 느낌을 형성하게 되고, '원초적으로' 자신을 알아봐 주기를 강요할 수 있다. 조금 극단적인 예지만, 그런 아이는 어쩌면 성인이 되어 동대문에서 바바리를 구입하게 되는지도 모르는 일이다.

나는 특별하고 싶어요

유년기의 아이는 자신의 특별함과 가치를 알아봐 주고 확인해 주기를 다양한 형태로 요청한다. 아빠처럼 근육이 있다고 팔에 힘을 주는 아이, 김연아 선수와 같은 최고의 피겨 스케이팅 선수가 되겠다고 힘주어 말하는 아이, 어린이집이나 유치원에서 배운 노래를 부모 앞에서 보여 주려는 아이 등이 모두 이에 해당한다. 이때 아이들이 부모에게 바라는 것은 동일하다. 자신이 잘한다는 것을 알아 달라는 것이다. 하지만 안타깝게도 부모들은 아이의 이런 무의식적인 요구에 잘 반응해 주지 못할 때가 많다.

어쩌면 우리 어른들에게는 공감과 지지의 모델링 역할을 해 준 존재가 없었는지도 모른다. 칭찬을 하거나, 격려와 지지를 보내는 것에 미숙하고 어색함마저 느끼는 어른들이 있다. 그래서 근육을 자랑하는 아이에게 "아이고 이게 무슨 근육이냐"라며 놀리거나, 김연아 선수는 백년에 한 번 나올까 말까 한 선수임을 강조하면서 "너는 그냥 공부나 해"라고 아이의 꿈을 무시거나, 아이의 노래를 건성으로 듣고는 이제 그만 들어가서 공부하라고 말할 수 있다.

간혹 아이의 가치와 특별함을 알아봐 주는 것이 아이의 버릇을 나쁘게 하는 것으로 오해하는 부모들이 있다. 아이를 칭찬하면 아이가 버릇없이 자라게 될까봐 불안한 것이다. 지나친 염려라고 말하고 싶다. 사랑을 받아 본 사람이 사랑을 할 수 있다. 만약 자신에 대한 특별함의 경험을 유년 시절에 갖지 못한다면, 다른 사람을 존중하거나 포용할 만한 내적인 그릇이 만들어지기 어렵다.

나를 알아주는
사람

최근 아동을 대상으로 하는 놀이치료의 수요가 늘고 있다. 그만큼 심리적으로 불안한 아이들이 많다는 이야기일 것이다. 여기에는 여러 이유들이 존재하지만, 내가 우선적으로 뽑는 이유 중 하나는 부모가 거울 자기대상으로서의 역할에 실패한다는 점이다.

많은 부모가 아이에게 공감적으로 반응하기보다는 부모의 뜻과 기대를 일방적으로 아이에게 주입시킨다. 부모의 기대에 부응하든 그렇지 않든 아동은 충분한 관심을 받아야 하는 존재임에도 부모가 가진 어떤 이상과 기대에 만족되었을 때만 관심을 받게 되는 것이다. 아이가 경험하는 실망과 좌절의 느낌을 알아주기보다는 아이를 '교육'하는 일에 더 큰 관심을 쏟는 부모들 이야기다.

마음의 결핍

좀 더 이른 시기로 올라가면 아이에게 공감적으로 반응해야 할 대상이 부재하는 것을 볼 수 있다. 가정 형편이 가장 큰 이유이다. 자녀를 친가나 외가에 보내고 일주일에 한 번이나 한 달에 한 번 방문해서 자녀를 만나는 가정이 의외로 많다. 이런 경우, 부모는 자신들이 노력하는 만큼 내 아이가 자라 줄 것이라고 생각하지만, 사실은 아이에게 마음의 짐을 지울 수 있다. 공감적으로 반영해 주는 거울 자기대상의 부재나 거울 자기대상과의 애착 형성 실패는 아이의 마음에 좀처럼 메우기 어려운 큰 구멍을 만들어 놓는다. (물론 조부모가 거울 자기대상이 되어 줄 수 있다.)

성인 상담에서 주로 관찰되는 느낌 중에 깊은 공허감과 소외감이 있다. 공허감과 소외감은 해결되기 꽤 어려운 감정이다. 이런 감정을 깊이 갖고 있는 이들은, 마음이 매우 허하며 마치 블랙홀에 빨려 들어가는 느낌이 있다고도 이야기한다. 끝을 알 수 없는 깊은 외로움과 소외감, 자신이 존재하지 않는 것만 같은 이 느낌을 다루기 위해 청소년들은 때로 자해 같은 비정상적인 방법을 선택하기도 한다. 자신에 대한 감각을 외부 대상에 의해 확인하기 어렵기 때문에 육체적 고통을 통해 확인하는 것이라고 볼 수 있다. 그리고 성인이 되어서는 쉽게 중독에 빠져들게 된다.

마음에 큰 구멍이 있는 이들은 그 결핍을 해결하기 위해 나름의 방법을 찾는다. 자해 같은 파괴적인 형태까지는 아니더라도, 음식을 과하게 먹는다거나 술에 의존한다거나 새로운 자극을 찾아 헤맨다. 그러나 마음의 결핍은 이런 것들로 채워질 수 있는 것이 아니다. 그 결핍은 자기대상의 역할을 하는 외부 대상이 내 가치를 알아주고 확인해 주는 반응에 의해 채워진다.

따라서 거울 자기대상의 역할은 매우 중요하다. 거울 자기대상의 공감적 반응은 아이의 마음에서 결핍을 예방하는 역할을 한다. 자기대상의 역할을 하는 부모의 칭찬과 공감, 격려와 지지의 말 한마디는 그저 허공에 내뱉어져 흩어지는 말이 아니라 아이의 마음을 견고하게 하는 재료라는 것을 모든 부모가 기억해야 한다.

따뜻한 말 한마디

상담 박사 과정에 있는 한 학생이 자녀와 겪었던 일이다. 학기 중이라 자녀와 함께하는 시간을 갖기가 어려웠던 그녀는 불가피하게 5월 5일에 학교에서 작업을 해야 할 일이 생기고 말았다. 그녀는 어린이날을 며칠 앞두고 아이에게 이런 상황을 설명해 주었다. 그러자 아이는 화를 냈다.

"우리 학교에서 5월 5일에 놀러가지 않는 애는 나뿐이에요!"

안 그래도 미안한데 그 말에 더 속상해진 그녀는 아이에게 소리를 질렀다.

"너 내가 내일 학교 가서 정말 모든 애들이 5월 5일에 놀러 가는지 확인해 볼 거야. 놀러가지 않는 아이가 한 명이라도 나타나면 어떡할래."

아무리 상담 박사 과정에 있고 상담사로 활동하고 있어도 내 아이에게 공감적으로 적절하게 반응하는 것이 쉬운 일이 아님을 보여 주는 일화다. 그렇다면 이 같은 상황에서 어떻게 반응하는 게 좋을까?

"어린이날인데 엄마랑 같이 있지 못해서 많이 속상하지. 우리 언제 놀이동산에 갈 수 있을지 함께 계획을 세워 볼까?"

이렇게 아이의 실망감을 언어로 공감해 주고 대안을 함께 생각해 보자고 제안하면 아이의 마음은 한결 편해진다. 그뿐만 아니라 부모의 이 같은 대화 방식을 모델링하여 문제를 해결하고 사회성을 키우는 능력을 향상시키게 된다.

모든 사람은 자신이 중요하고 가치 있는 존재라는 것을 확인받고 싶어 한다. 또한 자신이 일상에서 경험한 흥분, 실망, 좌절을 누군가가 알아주고 위로해 주기를 바란다. 아이가 길을 걷다가 넘어지는 상황을 가정해 보자. 주변에 부모가 있다면 소리 내어 울음을 터트릴 것이다. 그러나 주변에 아무도 없다면 얼른 일어나 속히 자리를 떠날 것이다(물론 많이 다치지 않은 상황이다). 똑같이 넘어져도 이처럼 반응이 다른 것은 자신을 알아주는 사람이 곁에 있고 없고의 차이다. 부모가 있을 때는 애기처럼 운다고 해서 잘못된 일이 아니다. 그것은 매우 인간적이고 자연스런 일이다. 그런 방식으로 인간은 자신의 두려움과 불안을 조절하고 자기 구조를 유지시킨다.

인간은 자신을 알아줄 사람이 필요하다.

내 텀블링을 한번 보세요

이 같은 역동은 상담에서도 나타난다. 내담자들은 자신이 중요하고 가치 있는 존재라는 것을 경험할 수 있도록 상담자가 자신을 지지하고 자신에게 공감해 주기를 바란다. 곧, 상담자가 거울 자기대상이 되어 주기를 바란다. 이를 자기심리학에서는 '거울 전이'라고 하는데, 이는 놀이치료나 아동상담의 과정에서 더욱 특별한 의미를 지닌다.

초등학교 1학년 아이가 정서행동장애로 상담이 의뢰되었다. 아이는 친구들 사이에서 늘 자신의 의견이 우선이었고, 자신의 의견이 받아들여지지 않으면 크게 상처를 받았다. 그렇다 보니 친구들은 자기 의견만 내세우는 내담 아동과 친하게 지내려 하지 않았다.

내담 아동은 첫 시간에 나를 보자마자 학원에서 배운 텀블링을 보여 주겠다고 말했다. 나는 이미 아이가 원하는 것을 알아차릴 수 있었다. 아이는 마치 체조 선수가 된 듯 멋지게 준비동작을 하고는 좁은 치료실 안에서 텀블링을 시도했다. 그런데 내가 본 것은 텀블링이 아니었다. 아이는 매트에 손을 짚고는 살짝 두 발을 떼어 앞으로 옮겨 놓았을 뿐이었다. 그리고 내 앞에 서서는 눈을 반짝이며 나를 쳐다보았다. 내 확인을 바라는 순간이었다.

이때 어떤 반응을 할 수 있겠는가? "조금 더 연습해야겠는 걸", "그게 어떻게 텀블링이야? 공중에서 회전을 했어야지"라며 소위 팩트 체크를 하거나, "좁은 데서 지금 뭐하는 거냐"며 아이를 나무랄 수 있을 것이다. 하지만 여기서 중요한 것은 텀블링이 아니라 아이의 마음이다. 아이는 지금 내게 거울 반응을 요구하고 있다. 이런 상황에서 답은 정해져 있다.

"와, 내가 지금까지 본 텀블링 중에서 매우 특별한 텀블링인 걸."

나는 내담 아동에게 거짓말을 하지 않았다. 그것이 멋지다거나 잘했다고 칭찬한 것이 아니었다. 그가 보여 준 것이 참 특별한 의미를 지닌 텀블링임을 말하며 아이의 무의식적 요구에 공감으로 응답한 것이다.

그 후로 아이는 매주 가방을 메고 왔다. 가방 안에는 한 주 동안 학교나 학원에서 수행한 작업들 중에 가장 내게 보여 주고 싶은 것 한 가지가 들어 있었다. 어느 날은 그림 한 장을 가져왔다.

"선생님, 이 그림이 뭔지 아세요?"

"글쎄, 이 그림이 뭘까?"

"에이 선생님, 이건 나무예요, 나무~"

마치 한겨울의 나무처럼, 모든 나뭇잎이 떨어진 앙상한 가지가 그제야 눈에 들어왔다. 아이는 또 물었다.

"선생님, 이 가지에 그려진 이게 뭔지 아세요?"

"글쎄, 이건 뭘까?"

"이건 말이에요. 새예요, 새. 나뭇가지를 박차고 날아오르는 새 말이에요."

내가 보고 있는 그림은 결코 잘 그린 그림이 아니었다. 더 솔직히 말하자면, 무엇을 그린 것인지조차 알기 어려운 그림이었다. 하지만 초점은 그림을 잘 그렸느냐에 있지 않다. 아이가 이 그림을 내게 보여 준 마음이 내가 주의를 기울여야 하는 부분이다.

"너의 그림은 특별한 데가 있는 것 같아. 너도 이 새처럼 앙상한 가지를 박차고 멀리 날아오르고 싶은 건지도 모르겠는 걸."

하루는 아이가 막대기가 담긴 상자를 보여 줬다.

"선생님, 이게 뭔 줄 아세요?"

"음, 내가 보기엔 막대기인 것 같은데."

"아이 선생님~ 이건 헤리포터가 사용한 바로 그 마술봉이에요."

그 막대기, 아니 마술봉은 헤리포터가 사용한 것이 아닐 것이다. 하지만 아이는 자신이 갖고 있는 마술봉이 헤리포터가 사용한 마술봉이라고 생각했다. 그리고 그 마술봉을 꺼내서는 내 배를 향해 외쳤다. "얏!" 나는 내게 어떤 마술적인 변화가 일어나야 할 것처럼 느꼈다.

"어, 어, 내 배가 이상해지는 것 같아. 이거 정말 특별한 마술봉이구나!"

아동 또한 이것이 하나의 놀이라는 것을 잘 안다. 이것을 진짜라고 생각할 정도로 현실 검증이 되지 않는다면 그것은 정신병에 가깝다. 아이는 무엇이 현실이고 놀이인지 잘 안다. 하지만 내가 자신에게 냉정하게, 현실적으로 반응하는 것을 원하지 않는다. 그는 놀이를 통해 자신의 마음에 결핍된 부분을 메우려는 시도를 하는 중이다. 다시 말해, 자신의 특별함과 우월함을 안전하고 신뢰할 수 있는 대상에게서 경험하고 싶은 욕구를 드러낸 것이다. 그리고 그는 분석가에게 자신이 중요한 사람임을 경험할 수 있도록 자신을 돕는 역할을 부여한다. 이것을 분석가들은 '발달의 재활성화'라고 부른다.

분석관계에서 내담 아동이 자신이 수용되고 자신의 특별함을 확인받는 경험을 하게 되면 어떤 일이 벌어질까? 점차적으로 자기감이 고양된다. 아동은 지금 이곳(분석관계)에서의 경험과 실제 삶에서의 경험에는 차이가 존재한다는 것을 알고 있다. 다시 말하자면, 상담사는 자신에게 긍정적으로 반응하고 자신을 수용하지만 상담실 밖에서 만나는 사람들은 그렇지 않을 수도 있음을 안다. 하지만 믿고 신뢰하는 대상에게서 거울 반응이 만족되면 아이의 마음에는 현실의 어려움을 다루는 내적인 힘이 생겨난다. 더불어, 자신을 공감적으로 반영하고 확인해 주는 대상과의 관계에서 실제적인 사회성을 개발하게 된다. 이 아동은 점차적으로 또래들과의 관계가 좋아졌다. 좌절감을 느끼는 상황에서도 견뎌 낼 만한 능력이 생겼고, 실망감과 상처를 다룰 만한 힘도 생겨나게 되었다.

마음 성장을 위한 영양분

이 아동의 부모는 누가 봐도 모범적인 사람들이었다. 종교를 가지고 있었기에 어떻게 살아야 하는지에 대한 확고한 신념도 있었다. 부모가 확고한 신념과 자기상을 가지고 있으면 자녀에게 안정적인 성격 기반을 제공하는 것이 사실이다. 그러나 때로는, 그 신념과 자기상으로 인해 아이의 유아적이고 원초적인 필요와 요구에 적절한 반응이 어려워지기도 한다. 자신만 알아 달라고 떼쓰는 아이가 버릇없는 아이로 자랄까 봐 걱정이 되기 때문이다. 내가 이런 부모에게 자주 이야기하는 것은, 발달단계에서 경험하게 되는 충분하면서도 적절한 사랑과 공감은 아동의 자기 구조가 견고하게 되는 중요한 역할을 한다는 것이다. 육체가 자라기 위해 영양분이 있는 음식이 필요하듯 마음이 자라나기 위해서도 영양분이 필요하다. 마음 성장을 위한 영양분은 공감이다.

물론 여기서 말하는 것은 '적절한 공감'이다. 모든 필요를 채워 주고 돌보려 하는 과잉 공감은 또 다른 문제를 낳는다. 자녀의 모든 필요를 채워 주려는 부모의 욕구는, 사실 통제하려는 욕구에서 비롯된 것이기도 하고, 부모의 지나친 불안과 염려로 인한 것이기도 하다. 이 같은 과잉 공감의 양육 방식은, 아이가 성인이 되어서도 타인이 자신의 모든 것을 알아서 처리해 줄 것이라는 무의식적 기대를 형성시킨다. 때로는 자신의 필요를 뚜렷하게 말하지 않아도 상대방은 자신의 필요가 무엇인지 알아채야 한다는 무의식적 공상을 형성하기도 한다.

그럼에도 강조해야 할 것은, 사람은 공감을 통해 자라난다는 점이다. 적절한 공감을 제공받아야 마음의 그릇이 넓어지고 삶이 풍요롭게 된다. 자신이 소중하듯 다른 사람도 소중한 존재임을 배우게 되는 것도 공감을 통해서다.

있는
그대로

인정받기 원하는 마음은 결코 유아적이거나 유치한 갈망이 아니다. 인간이라면 누구나 갖고 있는 자연스럽고 또한 인간적인 욕구이다. 그리고 인정받음의 욕구는 항상 다른 사람을 전제로 하고 있다. 인정해 줘야 하는 사람이 필요하다는 뜻이다.

 나이가 들면서 자신의 능력뿐만 아니라 한계조차 받아들이고 스스로를 인정할 수 있게 되는 건, 다시 말해 건강한 자기 수용이 이루어지는 건, 그동안 자신을 인정해 준 이들의 따뜻한 시선과 목소리가 내면화되었을 때 가능한 일이다. 만약 유년 시절에 자신을 인정해 줄 사람 자체가 없었거나 곁에 누군가 있었지만 자신을 인정해 주지 않았다면, 인정받고 싶은 욕구는 유아적이고 원시적인 성격을 띤 채 무의식 세계에 저장된다.

"짜라투스트라를 아시나요?"

성인과의 상담 과정에서 이를 발견하는 경우가 종종 있다. 미국에서 수련할 당시 50대 중반의 백인 내담자가 내게 혹시 『짜라투스트라는 이렇게 말했다』를 읽어 봤는지 물었다. 나는 그 책을 읽었지만 혹시나 책 내용을 영어로 토론해야 하는 귀찮은 상황이 생길지 몰라 아직 '제대로' 읽은 적은 없다고 답했다. 그러자 내담자가 이렇게 말했다.

"아직 그 책을 제대로 읽어 보지 않았다고요? 실망스럽네요. 상담자라면 그런 책은 읽어 보셔야 하지 않을까요?"

그러면서 그는 그 책에 대해 한참 동안 이야기했다. 나는 그가 이야기할 때, '짜라짜라 짠짠짠'이라는 한국 트로트가 연상되는 바람에 경청이 무척이나 어려웠다.

앞에서 언급한 놀이치료 사례에서와 같이 이 50대 중반의 내담자는 자신의 지적 능력을 상담자에게 자랑하고 인정받기를 원했다. 사실 그런 욕구로 인한 이야기를 듣는 일은 상담자에게 부담을 준다. 왜냐하면 상담자에 대한 무의식적인 비하가 숨어 있기 때문이

누구에게나
숨겨진 마음이 있다

다. 자기감의 결핍을 갖고 있는 경우, 자신의 우월감과 특별함을 강조하기 위해 다른 사람을 비하하는 일은 동반되기 마련이다. 대놓고 혹은 은근히 다른 사람을 비하하면서, 그리고 그런 사람과는 달리 자신이 대단하다는 것을 강조하면서 결핍이 있는 자신의 구조를 유지하는 것이다.

상담자가 멘사클럽에 가입했는지를 묻는 경우, 자신도 정신분석학을 꽤 공부했다고 말하는 경우, 미팅에서 사람들이 자기만 선택해서 너무 힘들다고 이야기하는 경우, 어떤 유명한 배우가 자신을 사랑했다고 이야기하는 경우, 수시로 혹시 자신이 누구인지 아느냐고 묻는 경우 등 상담관계에서 자신을 자랑하며 인정받으려는 예시는 많다. 기본적인 상담 구조에서 대부분의 내담자들은 상담자가 자신의 흥분이나 느낌 그리고 고통에 대해 공감적으로 반영해 주기를 바란다. 그런 점에서 거울 전이는 어쩌면 상담 전반에 편재해 있다고도 말할 수 있다.

구멍 난 마음 메우기

그렇다면 자신을 인정해 주기를 바라는 거울 전이에 어떻게 반응해야 하는가? 자신을 과대하게 보이고 싶은 아동과 성인에게 분석가는 어떤 반응을 보여야 하는가? 정신분석 역사에서 이 질문은 분석가들 사이에 논쟁이 되어 왔을 만큼 중요하다.

분석관계에서 제공해야 하는 것은 '공감적 반영'이 우선적이라고 말할 수 있다. 결핍으로 인해 마음에 구멍이 나 있는 경우, 우선적으로 해야 할 일은 이 빈 공간을 메우는 일이다. 지금 여기에서 분석가에게 자기를 자랑하고 인정받으려 하듯 다른 인간관계 안에서도 행동한다면 어려움이 있을 것이라고 해석해 봤자 별 도움이 되지 않는다. 그런 조언은 결핍을 결핍으로 남아 있게 할 뿐이다. 미팅에서 사람들이 자신만 좋아해서 너무 힘들다고 이야기하는 내담자에게, 내담자가 그렇게 보이기를 원하는 것은 아니냐고 돌려준다면 아마도 그 내담자는 상담실을 다시 찾지 않을 것이다. 이는 구멍 난 가슴에 더 큰 구멍을 만드는 일이 될 것이다.

결국 결핍을 메우는 일이 선행되어야 한다. 자기 구조의 결핍으로 인한 텅 빈 듯한 마음, 공허하고 외로운 마음은 인간을 평생 괴롭힌다. 어떤 사람은 이 느낌을 피하기 위해 정신없이 분주한 삶을 선택하고, 또 어떤 사람은 자해나 중독 같은 자극적인 방법을 통해 공허함을 잊으려 할 수 있다. 놀랍게도 그런 사람들 중에는, 자신의 문제가 무엇인지, 또 그 문제가 어디에서 비롯되었는지를 잘 알고 있는 이들도 많다. 그들은 이렇게 말한다. "제가 이미 다 알아요. 다 안다고요. 그래도 고쳐지지 않는 걸 어떡해요." 문제 해결 능력이 부족한 자기 구조를 가지고 있는 것이다.

결핍을 채우기 위해서는 공감적 반영이 필수적이다. 물론 반응을 해 주는 입장에서는 힘들고 고단한 일이 될 것이 분명하다. 이때 반응의 정도를 조정하는 것도 중요하다. 지나친 반응은 오히려 역효과를 낳기도 하기 때문이다. 미팅에만 나가면 모든 사람이 자기만 선택해서 힘들다고 이야기하는 사람에게 "헐, 대박~"이라고 말하는 것은 과한 반응이다. 이 같은 반응은 내담자에게 어떻게든 좋은 느낌을 갖게 하려는 상담자의 불안에 의한 것이거나 내담자를 상담자의 돌봄에서 못 빠져 나가게 하려는 상담자의 무의식적인 통제 욕구일 수 있다. 어쩌면 상담자 안에 있는 깊은 결핍의 반작용에서 나온 반응일 수도 있다. 자신이 받기 원하는 반응을 내담자에게 제공하는 것인지도 모른다는 말이다. 그렇다면 어떤 반응이 가장 좋을까? 내담자의 이야기를 정성스럽게 경청하면서 부드럽지만 진솔하게 "○○ 씨는 인기가 참 많네요"라고 이야기하는 게 좋을 것이다.

학예회의 차이

미국에서 공부할 때 첫째 아이의 초등학교 학예회에 참석한 적이 있다. 학예회는 학년별로 준비한 노래, 악기 연주 등을 위주로 구성 돼 있었다. 솔직히 말하자면, 내 눈에 그 학예회는 엉망이었다. 학생들이 무대에 오르고 나가는 순서조차 제대로 잡혀 있지 않았다. 악기 연주는 주의를 해서 들어야 무슨 노래인지 겨우 파악할 수 있을 만큼 박자가 맞지 않았고, 심지어 제대로 연주하지 못하는 아이들도 있었다. 노래를 부르는 아이들의 실력도 훌륭하지 않았다. 도대체 준비를 한 것인지 의문이 들 정도로 엉망인 학예회를 보고 있자니 자연스레 눈살이 찌푸려졌다. 사실 엉망인 학예회도 놀라웠지만 그보다 더 놀라웠던 건, 그 자리에 모인 부모 중에 이런 느낌을 갖는 사람은 나 하나뿐인 것처럼 보였다는 점이다. 미국의 부모들은 자녀의 연주와 노래를 진지하게 경청했고, 진심으로 아낌없는 박수와 환호성을 보냈다. 나와 그들 사이의 이 차이는 과연 무엇일까.

효율과 성취를 강조하는 한국에서 자란 나는 초등학교 시절, 우리가 할 수 있는 최고의 무대를 꾸미기 위해 몇 번이나 반복해서 연습했던 기억이 있다. 나는, 우리 대부분은 잘해야 한다는 가르침을 받으며 자라났다. 개개인의 가치와 특별함이 부각되고, 있는 모습 그대로 받아들여지는 환경이 아니었다. 우리 자신을 평가하는 기준이나 판단은 늘 외부의 누군가에 의해 만들어진 조건과 기대에 따른 것이었다. 어려서부터 점수나 등수로 내가 누구인지 평가되었고, 어느 대학을 갔느냐에 따라 가치가 나눠졌으며, 어떤 직업을 가

누구에게나
숨겨진 마음이 있다

졌느냐로 남과 비교되었다.

　이런 문화 속에서는 나 자신을 있는 그대로 인정하고 받아들이기가 어렵다. 내가 무엇을 했든 안 했든, 어떤 성취를 보였든 그렇지 않든 나는 가치 있고 특별한 존재라는 느낌을 갖기란 대단히 어려운 일이다. 비현실적으로 보이는 완벽한 이상이나 기대에 도달해야만 가치가 확인되는 것처럼 느껴지기에, 거기에 도달하지 못할 때에는 스스로가 한없이 초라해 보이고 자기감을 유지하기가 어렵다. 내가 그랬다. '이만하면 좋다'는 느낌을 갖지 못했고, 남들에게 하찮은 존재로 느껴질까 봐 두려웠다.

나 받아들이기

한국의 성장 중심의 문화는 사람들의 자기 구조를 허약하게 만들어 버리는 결과를 낳았다. 곧, 자기 구조의 결핍을 만들고 마음에 빈 구멍을 만들어 놓은 것이다. 이는 자기 자신에 대해 막연하게 잘못되었다는 느낌, 불완전하다는 느낌, 왠지 모를 공허함과 무기력함으로 나타난다. 나는 상담 현장에서 이런 불편한 느낌을 호소하는 수많은 사람들을 만나고 있다. 이 불편한 느낌을 방어하기 위해 그들은 더 높은 성취, 더 좋은 결과를 이뤄 내고자 부단히 노력한다.

하지만 이것은 더욱 빈약한 자기 구조를 만들어 놓는 악순환을 가져올 뿐이다.

우리는 내가 무엇을 했든 안 했든 내가 참 괜찮은 사람이라는 것을 깨달아야 한다. 그것이 우리가 가져야 할 나 자신에 대한 느낌이다. 정신분석은 자기 자신을 바라보는 새로운 방식과 자기감을 관리하는 새로운 방식을 제시한다. 비현실적인 이상을 세우고 이에 미치지 못하면 자신에게 결함이 있다고 느끼는 것에서 벗어나, 자신을 있는 그대로 포용하고 인정하도록 돕는 것이 정신분석의 목표이다. 따라서 자신을 과장하지 않아도, 다른 사람을 폄하하지 않더라도 자신을 받아들일 수 있도록 돕는 것이 분석가의 중요한 역할이 되었다.

이를 위해 필요한 첫 시작이 바로 거울 반응이다. 다른 사람의 삶을 살아가도록 강요받고, 남들의 평가에 신경 쓰느라 결핍이 생겨 버린 사람들에게 거울 반응은 그 결핍을 메우는 역할을 한다. 따라서 있는 그대로의 모습이 아니라 수행 기능으로 평가받았던 사람들에게 그들이 무엇을 했든 안 했든 분석가에게 중요한 인물이라는 것을 경험할 수 있도록 하는 것이 분석가가 해야 하는 일이다. 그리고 이를 통해 성장이 멈춰 버린 자기 구조의 발달이 재활성화되도록 돕는다.

독자들 중에 부모가 있다면, 어쩌면 지금쯤 내가 자녀들에게 거울의 역할을 잘하지 못해 행여나 자녀에게 문제가 있지 않을까, 혹 자녀의 자존감이 떨어진 것은 아닌지 염려할 수 있다. 하지만 내적 안정감을 형성하는 길은 거울 자기대상 하나만 있는 것이 아니다. 다음 장에서 다른 종류의 자기대상에 대해 살펴볼 예정이니 안심해도 좋다.

1. 내 인생에서 거울의 역할을 한 사람(들)은 누구입니까? 그들은 나를 어떻게 비춰 주었나요?

   내가 스스로 '나'라고 생각하는 부분은 있는 그대로의 나를 보여 줍니까, 아니면 어떤 거울에 의해 만들어진 것입니까? 이를 구분할 수 있습니까?

2. 유년 시절 나의 부모는 나에게 지지적이었다고 생각합니까? 만약 그렇다면, 부모는 어떻게 나를 지지해 주었나요?

   나의 가치를 알아주고 확인해 줄 사람이 지금 내 주변에 존재합니까? 그들은 누구이며, 나의 자기감을 유지하는 데 어떤 역할을 합니까?

3. 나는 성취와 상관없이 나 자신을 가치 있는 사람으로 받아들입니까, 아니면 무엇인가를 잘해야 '좋은 나'로 여겨집니까? 나 자신을 새롭게 바라보는 관점을 배운다는 것이 내게 어떤 의미입니까?

자기대상

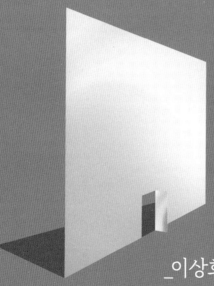

_이상화, 쌍둥이 자기대상

당신은
최고예요!

거의 모든 사람이 정도가 다를 뿐 공허함과 외로움, 그리고 무기력을 경험한다. 특별한 사건을 경험한 후가 아니어도 그렇다. 불쑥불쑥 찾아와 나를 건드리고, 때로는 오랜 시간 내 안에 머물며 나를 힘들게 하는 이 감정은 대체 어디서 온 것일까?

바로 내적 결핍이다. 자기 구조에 결핍이나 결손이 생기게 되면 사람들은 공허하고 외롭고 소외되었다고 느낀다. 때로 이것은 무기력과 우울함으로 이어진다. 충동적인 결정과 행동을 하게 되고, 감정 조절력은 떨어진다. 그래서 우리에게는 자기대상이 필요하다. 자기대상은 삶의 균형을 깨뜨리는 이런 자기 구조의 결손이나 결핍을 메워 주는 역할을 하기 때문이다.

텅 빈 마음

학업의 압박을 받던 중·고등학교 시절, 나는 일요일 저녁만 되면 깊은 공허함과 외로움을 느꼈다. 좋아하던 TV프로그램인 〈맥가이버〉와 〈일요일 일요일 밤에〉가 끝나 갈 즈음이면 어김없이 그랬다. 또한 주가 시작된다는 두려움도 있었지만, 단순한 두려움과는 다른 '공허함'이었다. 가족들이 다 있는 집에 있으면서도 주변에 아무도 없는 것처럼 느껴져 쓸쓸하기까지 했다. 지금 생각해 보면, 당시 내 주변에 자기대상 역할을 하는 사람이 많지 않았던 것 같다. 가족들이 늘 함께 있었고 친구도 있었지만, 형제나 부모님, 그리고 친구들은 모두 각자의 일에 전념하느라 다른 누군가를 돌볼 시간과 여유가 없었을지도 모른다.

나는 오랜 분석을 통해 내담자들이 보고하는 공허감과 외로움이 그 깊이와 정도에 있어 여러 차원이라는 것을 알게 되었다. 한 내담자의 이야기가 매우 인상적이었는데, 그는 마트에 가면 카트를 여기저기 끌고 다닌다고 했다. 이 통로 저 통로를 뱅뱅 돌고 있어야 마음이 편하다면서, 한곳에 잠깐이라도 머물게 되면 순간 텅 빈 느낌이 엄습한다고 말했다. 그래도 그 내담자는 그런 공허감을 비교적 적응적으로 잘 방어하고 있었다.

그런데 모든 사람이 공허감을 잘 다루는 것은 아니다. 어떤 이들

200

은 공허감을 잘 다루지 못해 실제적인 어려움을 겪기도 한다. 앞에서 언급했듯이 자해나 비행 행위가 그중 하나이다. 그런 방법이 아니고서는 내적 결핍을 견뎌 낼 수 없는 것이다. 자해나 비행 행위는 그들이 공허감을 다루는 나름의 대처 방안인 셈이다.

이런 점에서, 개인에게 자기대상의 역할을 하는 누군가가 필요하다는 것은 한 사람의 정신건강을 지키기 위한 아주 중요한 가르침이다. 자기대상의 존재는 개인을 현실에 보다 잘 적응할 수 있도록 돕고, 한 사람이 자신에 대한 좋은 느낌과 안정감을 갖고 살아가도록 돕는다.

이번 장에서 살펴볼 이상화와 쌍둥이 자기대상은 거울 자기대상과는 성격이 다르지만 자기 구조를 단단하게 하고 자기감을 고양시키는 역할을 한다는 점은 동일하다.

우리 아빠 엄마가 최고야!

어린아이에게 부모는 매우 크고 위대한 존재이다. 아동은 자신의 부모를 특별하게 생각하고 존경한다. 그리고 그 부모와 연결되어 있음으로써 부모의 힘과 내적 평온을 마치 자신의 것으로 여기게 된다. '나는 약하지만 당신(부모)은 위대합니다. 나는 당신과 아주 가까워요. 그래서 나도 위대해요.' 이처럼 한 사람에게 이상화된 대상이면서 그와 아주 친밀한 관계에 있어 심리적 안정과 평안을 제공해 줄 수 있는 대상이 '이상화 자기대상'이다.

만약 이상화시킬 수 있는 존재가 부재하거나 이상화된 존재가 내적 갈등과 불안을 경험하고 있다면, 또는 부모를 이상화시키려는 아이의 시도가 거절당한다면, 아이는 내적 풍요와 평온을 경험하기 어렵게 되고, 이는 허약한 내적 구조로 이어진다.

따라서 부모는 아동의 이상화를 수용하고 공감적으로 반응할 수 있어야 한다. 그래야 아동이 내적 안정감을 형성할 수 있다. 부모가 어떤 직업을 가졌든, 실제 능력이 어떻든 아동에게 부모는 위대하고 커다란 사람일 필요가 있다.

하루는 아이가 엄마를 찾아가 이렇게 이야기한다.

"엄마, 엄마! 우리 아빠가 세상에서 제일 힘도 세고 돈도 제일 많이 벌고 싸움도 제일 잘하지. 그치 엄마!"

그러자 엄마는 대답한다.

"얘가 뭘 잘못 먹었나. 옆집 철수 아빠는 변호사야. 너랑 친한 영희 아빠는 의사고. 칠칠맞은 네 아빠 만나 내가 고생이다. 너도 아빠처럼 되지 않으려면 어서 공부해."

아이가 다시금 묻는다.

"엄마, 그럼 엄마가 세상에서 제일 예쁘고 요리도 제일 잘하고 돈도 제일 많지요?"

엄마가 대답한다.

"너 잠깐 앉아 봐. 네가 뭔가 단단히 오해를 한 모양인데, 엄마는 그렇지 않아. 엄마는 너한테 해줄 게 많이 없어. 그러니까 네 앞길은 네가 헤쳐 나가야 해."

하필 엄마의 심기가 불편한 날이었을 수 있다. 하지만 이유가 어찌되었든 엄마는 아이의 이상화 시도를 거부한 셈이다.

안정감을 얻는 방법

몇 년 전 즐겁게 봤던 한 TV 광고가 떠오른다. 초등학교 저학년으로 보이는 남자아이가 자기 아빠를 소개하는 내용이다. "울 아빠는 지구를 지켜요"로 시작하는 아이의 말을 듣다 보면, 거의 슈퍼맨이 연상된다. 광고의 재미를 더하기 위한 요소일 테지만, 실생활과 맞닿은 지점이 있다.

"우리 아빠가 최고 세!", "우리 엄마가 최고 예뻐!"는 일상에서 흔히 접하는 아이의 표현이다. 아동은 자신의 부모가 더 크고 더 우월하다는 것을 종종 친구들 앞에서 강조한다. 실제로 아빠와 엄마가 제일 멋있거나 돈을 많이 벌어서가 아니다. 이것은 아동이 안정감을 누리기 위한 것으로, 지극히 자연스러운 일이다. 그런데 아동의 이런 심리를 잘 이해하지 못한 부모는 아동의 이상화를 쉽게 깨뜨린다. 이로 인해 아동이 일찍 현실을 직면하게 될지는 몰라도, 자신의 내적 안정감을 희생시킬 수밖에 없을 것이다. 이는 아동의 자기감 유지를 좌절시킨다.

자연스런 발달 과정의 첫 단계는 아동이 부모를 이상화하는 단계이다. 이 과정은 한동안 지속되다가 아동이 청소년기나 초기 성인기에 이르면 대부분 끝이 난다. 이때 아동(더 이상 아동이 아니지만)은 부모의 어깨가 어린 시절 자신이 생각했던 것처럼 넓지 않다는 것과 부모가 이룬 것들이 그리 위대한 것이 아니라는 사실을 발견한다. 그러면 실망할까? 아니다. 오히려 감사를 경험한다. 어려운 현실에서도 부모가 자신을 위해 헌신해 왔음을 알게 되는 것이다.

'이상화'는, 삶에서 경험하는 불안과 걱정, 두려움으로부터 자신을 보호하고, 내적 안정감을 유지하도록 돕는 심리 과정이다. 아직 삶의 경험이 풍부하지 않기에 아동은 쉽게 불안과 긴장감에 빠져들 수 있다. 삶의 다양한 어려움을 처리할 자아의 능력도 빈약하다. 하지만 부모를 이상화하는 심리적인 과정을 통해 아동은 내적인 안정을 찾을 수 있다. 아동에게 부모는, 든든한 버팀목이고 지지대인 셈이다.

불안을 다루는 모델링

그런데 만약 부모가 오히려 더 불안감이 높고 걱정이 많다면 어떨까? 자녀의 이상화의 과정은 결국 실패로 끝나게 된다. 가령 한 아동이 집에 와서 학교에서 친구가 자신을 꼬집었다고 부모에게 이야기하는 상황을 가정하자. (보통의) 부모는 아이의 놀라고 속상한 마음을 달래 주고, 사건의 경중을 살펴 아이와 함께 대처 방안을 생각해 볼 수 있다. 그러나 불안이 높은 부모는 학교에 가서 학교를 소위 뒤집어 놓을 수 있다. 실제로 부모가 학교에 찾아가 교사를 무릎 꿇리고 소란을 일으켰다는 기사를 본 적이 있을 것이다. 물론 사안을 먼저 따져야겠지만, 이런 일은 대개 부모의 불안으로 인한 것이다. 이런 경우 아동은 부모의 불안을 고스란히 내면화하게 된다. 부모 나름으로는 자녀를 도운 것이 맞다. 하지만 아무리 아이를 위한 것이라 해도 해결 방안에 지나치게 불안과 두려움이 개입되어 있으면 문제해결의 안정적인 모델링 역할을 하기 어렵다.

의연하고 당당한 부모의 태도와 문제해결 방식은 그래서 중요하다. 자녀에게 안정감을 제공하고 이후에 견고한 자기 구조를 형성하는 경험으로 기능하기 때문이다. 그뿐만 아니라 아동은 문제를 해결하는 부모의 성숙한 방식을 몸소 배우게 된다.

한 목사님이 상담을 의뢰한 적이 있다. 지나친 긴장과 불안으로

교인을 돌보는 데 어려움을 겪는다고 했다. 그에게는 왠지 내일 모든 것을 잃게 되거나 자신이 죽을지도 모른다는 두려움이 자주 엄습했다. 그 불안이 현실세계와는 동떨어진 것임을 뻔히 알면서도, 그는 이 불안에서 벗어나기가 어려웠다.

나와 이야기를 나누는 중에 그는 자신의 초등학교 시절을 떠올렸다. 아버지가 하던 사업이 망하는 바람에 늘 빚에 쪼들렸고, 여기저기 이사를 다녀야 했다고 말했다. 당시 그의 부모님은 매일 깊은 불안 속에서 하루하루 어떻게 살지 근심했고, 다툼도 잦았다. 이런 분위기에서 그의 내적 안정감은 훼손될 수밖에 없었다. 이상화의 대상인 부모에게 안정감을 얻지 못했을 뿐만 아니라 불안을 처리하는 방식도 배우지 못했다. 그 결과, 그의 자기 구조에 결핍이 생기고 말았다.

함께 있으면 불안감을 주는 사람

미국에서 아동분석 수련을 하던 중에 만났던 7살 소녀의 사례는 이상화 자기대상의 역할과 기능을 잘 보여 준다. 내가 소속된 연구소는 학교와도 연계되어 있어서 학교에서 내담 아동을 직접 관찰하고 만날 수 있었다. 아이를 만나기 위해 학교로 찾아간 때가 점심 식사

이후 취침 시간이어서, 선생님은 아동을 깨워 나를 소개해 주려고 했다.

아이는 첫 만남부터 예사롭지 않았다. 아이가 교실 안에서 교실 밖으로 나오기까지, 과장해서 말하면 10분 정도가 걸렸다. 덮고 자던 이불을 자로 재듯 정확히 개고, 그 위에 당시 유행하던 앵그리버드(angry bird) 베개를 올려놓는 모습이 마치 내 군대 이병 시절 모습 같았다. 아이는 거의 말을 하지 않았고, 내 질문에도 어깨를 으쓱할 뿐 좀처럼 대답을 하지 않았다. 어쩌다 말을 할 때 아이의 목소리는 마치 20대 숙녀의 목소리 같았다. 흉내 내기 어려운 묘한 매력을 풍길 정도였다. 하지만 그 아름다운 목소리는 자주 야수의 목소리로 바뀌었다.

주중에 무슨 일이 있었냐고 물어도 몇 주 동안 빤히 내 얼굴을 바라볼 뿐이던 아이가 어느 날 이렇게 대답을 해 주었다. 야수 같은 목소리로.

"아무것도 안했는데요. 하, 하, 하."

이런 목소리의 패턴에서도 아이가 경험하는 불안정한 내면세계를 짐작할 수 있었다. 그리고 나는 아이의 어머니를 만나고 나서 그 불안정함이 어디에서 오는지를 알게 되었다.

놀이치료실에서 대화를 시작했는데, 나는 처음 나를 소개한 때를 제외하고는 좀처럼 말할 기회를 얻지 못했다. 어머니가 아주 빠른 속도로 쉴 틈 없이 이야기를 했기 때문이다. 그녀가 한 시간 동안 눈물로 하소연한 내용의 요점은, "심리학을 잘 알고 있다. 그래서 최상의 양육을 제공하기 위해 부단히 노력했는데 왜 아이가 심한 불안에 시달리고 있는지 모르겠다"였다. 아이가 불안 때문에 엘리베이터를 타지도 못하고, 자신(엄마)이 화장실에 가는 것도 용납하지 않는다며, 제발 어떻게 해야 할지 알려 달라고 했다. 그러면서도 내게 말할 기회는 주지 않았다.

그녀의 말하는 방식과 눈물 어린 호소는 나를 압도했을 뿐만 아니라, 내게 불안감을 가져다주었다. 나는 주말 내내 불안 관련 서적을 읽으며 어떻게 도움을 줄 수 있을지 고민했다. 그 모든 시간에 내 마음은 계속 불안정한 상태였다. 그러다 문득 '어, 내가 왜 이러지?' 싶었다. 순간 머릿속에 한 가지 생각이 스쳐 지나갔다. 그 어머니와 단 한 시간 함께 있었던 내가 이렇게 불안하다면, 그녀의 돌봄을 받는 아이는 어떻겠냐는 것이었다. 그녀는 자신이 최상의 돌봄을 제공하고 있다고 생각했지만, 스스로의 내적 고요와 평화를 누리지 못하고 있었다. 말하는 방식과 사람을 대하는 방식에서 다른 사람을 압도했고, 상대방을 불안한 위치에 두었다. 이것은 아이가 안정적이고 견고한 이상화 자기대상을 경험하는 것을 차단했다는 의미이다. 곧, 양육하는 부모가 아무리 양육 지식이 풍부하고 마음씨가 착하다 하더라도 불안과 내적 불안정을 겪고 있다면 그 불안은 자녀에게 자연스럽게 전달된다.

간혹 어떤 사람을 만났을 때 마음에 불안이나 우울감이 찾아올 때가 있다. 실제로 나누는 대화가 불안을 촉발하는 것이 아님에도 말이다. 마치지 못한 일이나 앞으로 해야 할 일들이 갑자기 떠올라 대화를 방해하는 것일 수도 있고, 쉽게 불안에 빠지는 내 성격적인 특성 때문인지도 모른다. 그런데 크게 신경을 쓸 일이 없고, 내가 비교적 불안에 잘 빠지지 않는 사람임에도 누군가를 만났을 때 쉽게 불안감에 빠진다면, 이것은 어떻게 설명할 수 있을까? 위의 사례에서 볼 수 있듯이 어떤 사람의 말하는 방식과 태도는 때로 듣는 사람을 압도하고 불안에 빠트린다. 곧, 불안이란 감정에 지배를 받는 사람은 그가 맺는 관계 속에서 직접적이든 우회적인 방식으로든 자신의 불안을 타인에게 전달한다.

방법이 아니라 존재

초등학교나 중고등학교에서 부모 특강을 하는 기회가 있다. 강의를 마치고 많은 부모들이 자신과 자녀의 관계를 예로 들면서 어떻게 해야 자녀의 문제를 수정할 수 있는지 물어본다. 물론 '어떻게'라는 방법은 중요하다. 하지만 보다 중요하는 것은 '존재'의 문제이다.

돌봄을 베푸는 사람이 어떤 마음가짐과 심리 상태를 가지고 있는가 가 더욱 중요하다. 왜냐하면 자녀들은 부모의 안정감을 배우고, 이 를 통해 자신의 불안을 다루며 자기 구조를 단단하게 만들어 가기 때문이다.

많은 부모들이 자녀에게 어떤 이야기를 해 주고 어떤 양육 기술 을 사용하느냐에 관심이 많다. 하지만 그보다 중요한 것은 삶에서 순간순간 드러나는 부모의 행동과 습관, 그리고 문제를 다루는 방 식이다. 그 안에 숨겨져 있는 부모의 무의식적 감정과 느낌을 자녀 는 마음 깊이 내면화하게 된다. 즉, 부모가 자신과 세상을 바라보는 감정과 느낌은 자녀에게로 전수된다.

따라서 돌봄을 베푸는 사람이 내적으로 고요하고 안정감을 갖 고 있는 것은 매우 중요하다. 돌봄을 받는 이가 폭풍우 같은 감정의 소용돌이를 경험할 때, 이를 견뎌 주고 의연하게 바라볼 수 있어야 한다. 돌봄을 베푸는 사람이 안정적이고 포용적이면, 돌봄을 받는 사람 또한 이상화 과정을 통해 그 내적 안녕과 여유를 자신의 것으 로 경험할 수 있게 된다.

이상화 자기대상이 부재하거나 이상화의 경험이 거절되었을 때, 사람은 쉽게 불안과 두려움을 경험한다. 그리고 이것은 성인이 되 어서도 해결해야 할 과제로 남게 된다. 일이 잘못될 것이라는 막연 한 불안감과, 지금의 직장이나 관계 등을 언제라도 잃어버릴지 모

누구에게나
숨겨진 마음이 있다

른다는 걱정에 사로잡히게 한다. 이런 불안과 걱정이 내면을 지배하게 되면 누구에게라도 손을 내밀어 자신의 안정감을 채워 줄 대상을 찾게 되고, 또 지나치게 의존하게 된다.

분석가를 이상화하는 내담자

이상화 과정은 상담 장면에서도 일어난다. 내담자가, 분석가는 모든 것을 알고 있고 자신의 문제를 모두 해결해 줄 것이라고 느끼는 것이다. 이것을 '이상화 전이'라고 부른다. 이는 유년 시절 이상화에 실패한 내담자가 분석가를 이상화시켜 자신의 내적 안정감을 회복시키려는 심리적 반응이다. 그런 점에서 이것은 앞 장에서 이야기한 발달적 재활성화라고 볼 수도 있다. 오랜 정신분석 역사는 이런 이상화가 분석의 과정을 발달시키고 내담자의 심리적인 회복을 위한 토대가 된다는 것을 관찰했다. 따라서 분석가는 내담자의 이상화를 허용해 줘야 한다.

그런데 대개 이런 이상화는 대단히 의존적으로 나타나고, 또한 아이들에게서 보이듯 원시적인 성향을 띠고 있어서 상담자에게 부담이 되는 것이 사실이다. 내 슈퍼비전을 받는 한 여성 상담자는 자신을 좋아하고 이상화시키는 젊은 남성 내담자로 인해 어려움을 겪고 있었다. 이 남성 내담자는 매 회기마다 "선생님은 참 친절하고 부드러우세요. 선생님과 상담을 받고 나면 마음이 훨씬 편해지고 힘이 나요. 선생님은 화장실도 가지 않으실 것 같아요"라고 이야기하면서 상담자를 이상화했다. 여성 상담자는 이것을 견디기가 어려웠다.

상담자가 가진 이 불편한 감정은 역전이라는 점에서 중요하다. 이미 살펴본 대로 역전이는 상담자의 미해결 과제를 보여 주는 것이거나 아니면 내담자에 의해 불러일으켜진 감정일 것이다. 이는 분석을 돕는 핵심적인 요소일 수 있다. 그러나 그녀는 내담자의 이상화나 자신의 역전이를 다룰 만한 힘이 없었고, 결국 이렇게 말해 버리고 말았다.

"선생님, 그건 선생님이 어린 시절에 완벽하기를 기대했던 어머니가 필요하기 때문에 그래요. 저는 그런 사람이 아닙니다. 화장실도 가고 방구도 엄청 껴요. 그리고 저는 생각보다 그렇게 부드러운 사람도 아니고요."

이상화를 적절하게 허용해 주면서 이를 점차적으로 다뤄 갔어야할 상담자는, 내담자의 이상화 과정에 지나친 거리를 두고 말았다.

이상화는 내적 안녕과 평화를 위해 필요한 과정이다. 정상적인 발달 단계를 거친 성인에게도 마찬가지이다. 더 이상 부모가 이상화의 존재는 아닐 수 있지만 또 다른 이상화의 대상, 곧 나를 지도

하고 안내할 멘토의 역할이 필요하다. 나를 바르게 이끌어 줄 대상이 존재하는 사람은 살면서 만나는 어려움과 좌절에도 안정감을 갖게 될 것이다. 그런데 이때 반드시 사람만이 이상화의 대상이 되는 것은 아니다. 성인은 이상이나 인생의 목표를 통해 안정감을 누리기도 한다. 인생의 이상과 목표가 이상화 자기대상이 되기도 한다는 의미다. 또 종교가 이상화의 기능을 수행할 수도 있다. "나는 약하지만 신은 지혜롭고 강하다"는 종교인들의 고백이 이상화를 잘 보여 준다.

인간은 이상화를 통해 현실의 불안과 부정적인 정서를 다룰 수 있게 된다. 의지하고 기댈 수 있는 사람을 찾고 그에게 성숙한 의존을 한다는 것은, 개인의 자기감을 유지하기 위한 중요한 방법이 된다.

우리는
서로 같아요

쌍둥이 자기대상은 관계 안에서 '본질적인 똑같음'이 있음을 경험하도록 돕는 대상을 뜻한다. 쉽게 말하자면, 어떤 행동과 취미, 성향과 특징을 공유하는 과정에서 내가 남들과 다르지 않다는 것을 경험하여 동질감, 유대감, 소속감 등을 느끼도록 만드는 대상이다. 예를 들어, 함께 그림을 그리자는 아이의 요청에 부모가 아이 곁에서 그림을 그릴 때, 함께 요리를 하고 싶다는 아이를 부모가 부엌으로 초대할 때, 아동은 쌍둥이 자기대상을 경험한다. 이때 아이는 자신이 가족에 소속되어 있다는 느낌을 형성하여 자기감을 고양시킬 수 있게 된다. 그러나 가족에 속해 있긴 하지만 구성원들 사이에서 무관심과 소외를 경험한다면, 자기감은 떨어질 수밖에 없다.

너랑 나는 똑같아!

쌍둥이 자기대상은 가정 안에서만 경험될 수 있는 것이 아니다. 우리는 살면서 학교, 또래 집단, 취미를 공유하는 공동체, 직장 등 항상 어딘가에 속해 있게 된다. 그리고 어디엔가 속해 있음은 우리에게 안정감을 주고, 자기감을 유지하게 한다. 많은 사람들이 어디에 속해 있고, 누군가와 무리를 형성하고 있는가에 중요한 의미를 부여하는 이유이다.

내가 초등학생 때, 한국의 월드컵 진출로 남자아이들 사이에서 축구가 대유행이었다. 나는 아버지께 축구화를 사 달라고 졸랐고, 아버지는 동대문에서 베이지색 축구화를 사 오셨다. 당시 나를 무척 좋아한 친구가 있었는데, 내가 그 축구화를 학교에 신고 간 다음 날, 그 친구는 내 것과 똑같은 축구화를 신고 나타났다. 그리고 이렇게 말했다.

"너랑 나랑 똑같아."

이 이야기는 여기에서 끝나지 않는다. 하루는 친구들과 신나게 축구를 했는데, 끝나고 보니 여기저기 흙이 묻어 친구의 신발이 많이 더러워져 있었다. 친구는 내게 잠깐 신발을 벗어 보라고 했다. 지금의 나라면 그가 무엇을 하려는지 알았을 테지만 그의 의도를 전혀 알지 못했던 당시의 나는 '?' 하는 마음으로 신을 벗었고, 그는 내 축구화에 흙을 잔뜩 묻혀 가져왔다. 그리고 웃으며 말했다.

"이제 똑같아."

인간은 자신이 좋아하는 사람과 동질감을 느끼고 유대감을 가지려고 한다. 내가 좋아하는 사람이 나와 비슷한 습관이나 취미, 혹은 성향을 갖고 있는 것을 확인했던 적이 있는가? 그때의 기분은 그야말로 최고다. 일종의 소속감과 같다. 어느 곳에 속해 있느냐에 따라 자기감이 달라지는 것을 경험해 본 사람은 무슨 의미인지 알 것이다.

한번은 학기 말에 수고한 대학원생들과 함께 커피를 마시러 간 적이 있다. 나는 뜨거운 것을 잘 먹지 못해서 따뜻한 아메리카노를 시킬 때면 항상 얼음 한두 개를 넣어 달라고 부탁을 한다. 그날도 동일한 요청을 했는데, 옆에 있던 한 학생이 감탄하며 말했다.

"헐~ 교수님도 얼음 넣어 드세요? 그것도 한두 개를… 어쩌면 저랑 똑같으세요?!"

지극히 평범한 일상 속 한순간의 경험인데, 이 학생은 교수인 내가 자신과 같은 습관을 가진 것을 보며 일종의 동질감과 유대감을 경험했다. 이렇게 쌍둥이 자기대상을 경험하는 순간, 우리는 내가 다른 이들과 다르지 않은 '한 인간'이란 사실을 느낀다.

어느 단체에 소속되어 있고, 또 그곳의 사람들과 함께 어떤 활동을 하며, 그들과 삶을 공유하는 것은 이런 측면에서 우리의 정신건강에 영향을 끼친다. 그것은 일순간에 개인의 자기감을 고양시키지는 않지만, 개인의 내적인 구조를 건강하게 만들고 유지시키는 데 큰 역할을 한다.

사람은 결코 홀로 살아갈 수 없다. 다양한 사람들과 함께 삶을 나누며 살아가게 된다. 이때 사람들은 잘 인식하지 못하지만 그 외부의 동질적인 사람들로 인해 심리적 안정을 누리고 위로를 받는다. 이에 대한 예시들은 많다. 그중에서도 강한 소속감과 동질감이 분명하게 나타나는 관계가 바로 연인 사이이다. 연인들은 동질감을 느끼기 위해 같은 디자인의 옷, 신발, 액세서리 등을 착용한다. 이를 통해 서로 연결되어 있다는 강한 소속감을 느끼는 것이다.

쌍둥이 자기대상은 눈에 확연하게 보이거나 나타나지는 않지만, 한 사람의 내적 고요와 평안을 유지시켜 주는 외부 대상이다. 삶을 공유하고 나누는 과정을 통해 내적 자기감을 고양시키고, 주변 사람들과 내가 동일한 욕구와 감정을 갖고 있다는 것을 확인시켜 소속감, 동질감, 유대감을 경험하게 해 주는 대상이다. 따라서 일상에서 가족들과 삶을 공유하고, 친구들과 함께 맛있는 음식을 먹고, 공통의 관심사로 대화를 나누고, 무언가를 함께 하는 것은 자기감 유지에 큰 영향을 끼친다.

나와 함께 수프를 먹어요

한 아이가 놀이치료에 의뢰되었다. 쌍둥이 자기대상 경험의 부재로 인해 자기 구조의 결핍을 경험한 아이였다. 아이는 심한 불안으로 어려움을 겪고 있었는데, 그중에서도 가장 큰 문제는 부모가 주는 물이나 음식을 잘 먹지 않는 것이었다. 그 안에 독이 들어 있다고 생각하기 때문이었다.

아이는 나를 만난 첫날, 바로 싱크대 장난감을 선택해서 놀기 시작했다. 내게 중앙에 위치한 테이블 앞에 앉아 있으라고 말하고는 마치 엄마처럼 요리를 했는데, 놀랍게도 하는 척이 아니라 실제로 뭔가를 만들었다. 놀이치료실에 비치된 과자를 으깨더니 물이 필요하다며 화장실로 달려갔다. 떠온 물을 얼룩덜룩 더러워진 장난감 컵에 담고 으깬 과자를 그 속에 넣어 휘저었다. 그리고 그것을 조용히 내게 가져와서는 나를 위해 만든 수프라고 이야기했다. 한마디로 먹으라는 것이었다. 컵에 담긴 물은 잿빛이었고, 물 위에는 과자 조각들이 둥둥 떠 있었다. 그것을 보는 순간, 이유는 알 수 없지만

누구에게나
숨겨진 마음이 있다

해병대 시절의 기억들이 주마등처럼 지나갔다. '그래, 이런 건 아무 것도 아니야. 그때는 더한 것도 먹었는데 뭘.' 나는 해병대 정신을 떠올리며 그것을 마시기로 결정했다. 아이 앞에서 그것을 조금 마신 후, 엄지손가락을 추켜세우며 말했다.

"정말 훌륭한 수프구나!"

수프가 내 양 입가에서 조금씩 흘러내려 목을 타고 아래로 내려가는 것까지는 막을 도리가 없었다.

어쩌면 내 반응이 지나친 것이었을 수 있다. 그 수프를 마실 필요까지는 없었을지도 모른다. 먹는 척할 수도 있었을 것이다. 실제로 다른 상담자들에게는 그렇게 하라고 이야기한다. 하지만 아이의 배경을 알고 있던 나로서는 그것이 일종의 깊은 유대관계로의 초대임을 짐작할 수 있었기에 수프를 먹기로 결정한 것이었다. 내 예상대로, 수프를 먹는 나를 본 아이는 내 옆에 앉아 자신을 위해 만든 수프를 함께 먹었다. 한동안 말없이 나와 아이는 테이블 앞에 앉아 함께 수프를 먹었다. 아이는 그 순간 쌍둥이 자기대상을 경험하고 있었다. 이후 놀이치료의 작업은 성공적으로 진행되었다.

이후에 부모 면담을 통해 알게 된 사실이지만, 아이의 엄마는 건강상의 문제로 병원에 입원해 있는 날이 많았다. 그리고 아빠는 가정과 사업의 어려움을 겪으며 우울증과 무기력에 빠져 있었다. 부모와 함께함을 통해 얻게 되는 유대감과 동질감을 제대로 경험할 수 없는 상황이었다. 삶을 나눌 대상이 부재했던 것이다. 그로 인해 아이는 자신이 다른 사람들과 다르지 않은 한 인간이라는 느낌을 갖기가 어려웠다. 이는 자신이 살고 있는 세상이 안전하지 못하다는 불안감과 함께, 또래 관계에서 동질감을 느끼려는 과도한 시도로 이어져 학교생활에서 어려움을 갖게 했다.

분석가는 나의 쌍둥이

성인 분석에서의 사례로 살펴보자면, 내담자는 분석가가 자신과 동일한 성향과 취미를 갖기 원하기도 한다. 이는 쌍둥이 자기대상 경험을 분석가에게 요구하는 것이다. 분석을 받은 지 얼마 되지 않았던 한 중년의 남성 내담자는 내게 이런 질문을 했다.

"혹시 선생님은 주무실 때 어떻게 주무세요?"

처음에 나는 그 질문을 잘 이해하지 못했다가 계속된 대화를 통해 알게 되었다. 그는 내가 잠들 때 음악을 듣는지 궁금한 것이었다.

"저는 아무 소리가 들리지 않는 조용한 상태가 좋은데요."

그러자 그는 아쉬움을 표현했다.

"선생님처럼 고상하신 분이 음악을 듣지 않는다니 놀랍네요. 주무실 때 제가 추천해 드리는 음악을 한번 들어보세요. 정말 잠이 잘 올 거예요."

나는 그의 제안을 기억하지 못한 채 한 주를 보냈고, 다시 그를 만났을 때 그는 내게 음악을 들으며 잤는지 확인했다. 그러지 못했다고 대답하자 그의 얼굴에 실망감이 드러났다. 그리고 다음 날 잠자리에 들기 위해 준비하고 있던 무렵 그에게서 문자가 왔다. '선생님, 음악 듣고 계시나요? 올려 드리는 음악을 들어보세요.' 그는 추천하는 음악을 함께 보내 주었다.

내 내담자는 자신이 좋아하는 습관을 분석가도 갖고 있기를 바라고 있었다. 이는 그가 내적인 결핍을 채우는 일종의 방식이었다. 자신이 좋아하고 의지하는 누군가가 자신과 동일한 습관, 취미, 성향 등을 갖기 원하는 마음을 그가 조금 무리한 방식으로 표현한 것인지도 모른다. 이때 분석가가 그런 그의 기대를 공감적으로 반영하는 것이 중요하다. 물론 그가 요구하는 취미를 실제로 가질 필요는 없다. 또한 분석과는 관련 없는 내용의 글과 파일을 문자로 보낸 것에 대해서도 충분히 이야기 나눌 수 있어야 한다. 그럼에도 이것은 내담자의 결핍을 이해하는 아주 중요한 장면이 된다.

우리는 살면서 나와 유사한 취향, 성격, 기호 등을 갖고 있는 사람을 만날 때 흥미로움을 느끼는 동시에 위로를 받는다. 나도 남들과 똑같은 한 사람이라는 것을 경험하고, 또 내가 소외된 존재가 아

님을 느끼게 되는 것이다. 이렇듯 우리에게는 쌍둥이 자기대상이
되어 줄 누군가가 필요하고, 더불어 우리는 누군가의 쌍둥이 자기
대상이 될 필요가 있다.

자기심리학을 처음 주장한 분석가 코헛은 이런 비유를 들었다.
우주선에 홀로 남아 멸망해 가고 있는 지구를 바라보는 한 사람은,
비록 우주선 안에 자신이 생존할 수 있는 충분한 자원이 있다고 하
더라도 지구로 돌아가는 선택을 하게 된다는 것이다. 누군가에게
속해 있으면, 그 존재 없이는 살아가기 힘든 게 인간이다.

불안하신가요?

혹시 지금 이 책을 읽는 독자들 중에 최근 들어 불안과 두려움에 사
로잡혀 있는 이가 있다면, 먼저 자기감의 상태를 확인해 볼 필요가
있다. 지금 나는 나에 대해 어떻게 생각하고 느끼고 있는가? 나는
그 어떤 일도 해낼 만한 능력이 없는 인간이라고 느끼고 있지는 않
는가? 이번 생은 글렀고 다음 생에서나 무언가 가능하다고 생각하
는 것은 아닌가? 사람들이 나를 형편없는 사람이라고 평가하며 비
난할 것이라고 예상하고 있지는 않은가? 만약 마지막 세 개의 질문
에 "그렇다"라고 대답한다면, 지금 나는 건강한 자기감을 유지하기

힘든 상태이다. 이는 내게 자기감을 유지하고 고양시킬 만한 관계나 활동, 그리고 방법이 부재하거나 빈약하다는 것을 나타낸다. 또한 병리적이라고 불릴 만한 우울과 무기력, 불안과 공황의 상태에 쉽게 노출되어 있다는 뜻이기도 하다.

이런 상황에서는 나를 바라보는 새로운 관점과 자기감을 관리하는 방식을 배우고 익히는 것이 급선무라고 평가할 수 있다. 하지만 자기대상에 대한 설명에서 보았듯이, 이것은 누군가와 성숙한 의존관계를 맺음으로써 가능하다는 것을 기억해야 한다. 자기감을 새롭게 관리하고, 나를 새로운 방식으로 바라보기 위해서는 내 특별함과 가치를 인정해 주고, 내 인생의 방향을 일깨워 주며, 나와 함께 삶을 동행할 대상들이 필요하다.

예언할 수 있어요

박사 과정에 입학한 지 얼마 되지 않는 한 학생이 상담실로 찾아왔다. 그녀는 낮은 자기존중감을 갖고 있었고, 이로 인해 관계 속에서 자기패배적인 결정을 자주 내리고 있었다. 겉으로 보기에 그녀가 낮은 자기존중감을 가질 이유는 전혀 없어 보였다. 사람과의 소통, 자기 성찰, 박사 과정에서의 과제 수행 등 모든 부분에서 뛰어났다.

그럼에도 그녀는 자신에 대한 좋은 느낌을 갖기가 어려웠다. 주변 사람들이 날카롭게 자신을 비난하고 평가할 것이라는 왜곡된 무의식적 기대를 갖고 있었기 때문이다. 그러다 보니, 칭찬에 대해서는 우연의 결과거나 그들이 자신을 잘못 봤기 때문이라고 생각하는 반면, 부정적인 평가에 대해서는 확대해서 해석하여 결국 '나는 형편 없다'는 결론에 이르렀다. 불필요한 우울감이나 무기력, 파행적인 자기패배적 행동이 이어지지 않을 수 없는 상황이었다.

이런 경우에, 그녀가 관계에서 보이는 무의식적인 기대를 살펴보고 자신을 왜곡해서 바라보게 만드는 내적 갈등을 깊이 생각해 봐야 한다. 궁극적으로는 그것이 그녀에게 필요할 것이다. 그런데 나는 그녀가 크게 걱정되지 않았다. 박사 과정에 올라간 그녀가 '좋은 대상들'과 '건강한 관계'를 형성하고 있는 것을 확인할 수 있었기 때문이다. 지도 교수님은 그녀의 학업적 재능을 칭찬했고, 남편은 그녀의 공부를 적극 격려해 주었으며, 함께 공부하는 좋은 또래 집단까지 주변에 있었다. 나는 그녀에게 이렇게 예언했다.

"선생님, 제가 예언 하나 할게요. 지금 갖고 있는 마음의 문제는 차츰 좋아질 거예요. 일 년 뒤에는 지금보다 훨씬 성장해 있으실 거예요."

내 예언은 틀리지 않았다. 그녀는 힘든 박사 과정 일 년을 거치면서 성취감을 경험했고, 사람들과의 관계에서 자기 자신에 대해 더 잘 이해하게 되었으며, 그런 경험을 바탕으로 자신을 새롭게 평가할 수 있게 되었다. 물론 상담의 과정을 통해 자신이 가진 능력과 한계를 바로 보게 되고, 지나친 목표가 아닌 자신의 이해에 바탕을 둔 삶의 목표를 잡게 된 것도 도움이 됐을 것이다.

앞에서 설명했듯이 정신분석의 중요한 목표 중 하나는 자신에 대한 좋은 자기감을 갖게 하는 것이다. 그것은 무조건 자신을 우월하게 보거나 과대평가하는 상태를 의미하지 않는다. 오히려 자신을 있는 그대로 인정하되 사랑하고 존중하는 것이다. 이 사회가 요구하는 어떤 성취와 업적을 이루었든 그렇지 않든 자신을 수용하는 것이다. 이는 곧 내가 누구이며, 어떤 존재인지를 비교적 적절하게 이해하고 받아들이는 것이라고 말할 수 있다. 이런 자기이해와 자기사랑은 거울과 이상화, 그리고 쌍둥이의 역할을 해 주는 누군가와의 관계에 의해 가능해지고 촉진된다. 혹 내 주변에 이런 존재가 부재하거나 빈약하다면, 다시 말해 내 자기감을 유지하고 지탱해 줄 관계나 방법이 없다면, 마음이 힘들어질 수밖에 없다는 것을 기억해야 한다.

우리는 성숙한 의존 없이는 살아갈 수 없는 존재이다. 우리의 자기 확신과 신뢰는 스스로의 의지와 결단으로는 불충분하며 항상 누군가의 도움과 상호적인 관계 속에서 확인되고 유지될 수 있음을 기억하기 바란다. 우리는 누군가가 필요하다.

1. 나에게는 인생의 어려운 순간에 나를 바르게 지도해 줄 사람이 존재합니까? 그/그들은 누구이며 어떤 역할을 하나요?

2. 내 취미와 성향, 기호 등을 공유하고 나눌 만한 사람들이 곁에 있습니까? 함께 삶을 나누며 특별한 목적을 위한 활동을 함께 하는 친구나 집단이 있습니까?

3. 내가 누구이며 무엇을 좋아하고 내게 어떤 능력이 있는지를 나는 알고 있습니까? 나의 정체성에 대해 진지하게 생각해 본 적이 있습니까? 만약 생각해 본 적이 없다면, 그 이유는 무엇입니까?

치료의
기술

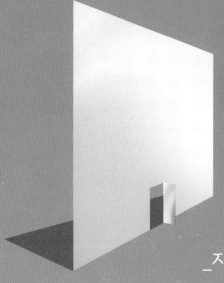

_지지하기와 드러내기

장

정신분석은 사람을
어떻게 치유하는가

정신분석의 최종 목표는 무의식의 의식화이다. 한마디로 무의식에서 일어나는 일을 깨닫게 하는 것이다. 하지만 이전 장들에서 반복해서 언급했듯이 이는 결코 쉬운 일이 아니다. 무엇보다 준비되지 않은 사람에게 무리하게 자신의 무의식을 들여다보게 하는 일은 강한 반발을 낳게 된다. 매일매일이 무기력하고, 살아 있다는 느낌을 갖지 못할 만큼 공허한데 무의식 어쩌고저쩌고는 사치스러운 일처럼 보일 뿐이다.

먼저 준비 과정이 필요하다. 이 일은 무의식의 의식화만큼이나 중요하고 또 어려운 작업이다. 한 사람이 자신의 무의식에서 일어나는 일을 통찰하고, 이를 통해 부적응적인 관계 양상(의존, 통제, 집착, 학대 등)과 증상(우울, 불안, 강박 등)에서 자유롭게 되는 일은 교육으로 일어나지 않는다. 내담자가 무의식을 받아들이고 변화를 선택할 수 있는 마음의 준비가 되어야 가능한 일이다.

지지하기와 드러내기

이처럼 정신분석은 무의식을 의식화시켜 지금 자신에게 무엇이 일어나고 있는지를 통찰하도록 하는 것뿐만 아니라 통찰과 변화에 이를 수 있도록 준비시키는 일까지 치료의 목표로 여긴다. 이를 감안하여 대화를 통해 치유에 이르게 하는 정신분석적 상담은 두 가지 치료의 기술을 사용한다. '지지하기'와 '드러내기'이다.

정신분석은 크게 이 두 가지 범주에 속하는 치료적 수단과 개입을 통해 마음의 문제를 다룬다. 각 기술을 간단히 설명하자면, '지지하기'란 지지를 통해 내적 결핍을 메우는 치료의 기술이다. 약한 마음 상태를 지지한다는 의미에서 결손이 많은 사람을 돕는 데 효과적이다. '드러내기'는 무의식적 의미와 영향력을 드러내 보여 주는 치료의 기술이다. 지금 내가 얼마나 무의식의 영향력 아래에 있는지 깨달을 수 있도록 도움을 주는 것으로, '해석'이라고 불린다.

이를 보다 알기 쉽게 설명하기 위해 비교적 긴 상담 예시를 제시하고자 한다. 상담 과정과 분석을 통해 내담자가 어떻게 변화되어 가는지 살펴보게 될 것이다. 이 책에 나오는 비중 있는 사례들이 수정과 각색의 작업을 거쳤고, 관련성을 맺고 있는 내담자에게는 허락을 받아 수록되었음을 다시 한 번 이야기한다.

[사례: 애인이 손에 잡히지 않아요]

A는 삼십대 초반의 여자로 새로운 애인이 생긴 이후에 생긴 공허감과 우울감을 호소하며 분석을 요청했다. 그녀는 새 애인이 생겼지만 삶의 활력을 찾을 수 없다고 이야기했다. 애인이 자신에게 모든 것을 맞춰 주고 자신이 힘들 때는 지체 없이 달려와 곁에 있어 주지만, 그것이 결코 우울한 기분을 나아지게 해 주지는 못한다고 말했다.

A는 당시 학원 강사였는데 자신이 하고 있는 일에 관심이 없을 뿐더러 자신에 대한 무가치함과 부적절감으로 자신의 일을 열정적으로 수행할 수 없다고 토로했다. 분석 초반에 그녀는 자주 눈물을 흘렸다. 마음에서 좀처럼 떠나지 않는 무기력과 공허감이 그녀를 괴롭히고 있었다.

하지만 점차적으로 분석의 초점은 A가 지금까지 맺어 온 연인과의 관계와 그 특징으로 옮겨졌다. 그녀는 고등학교를 졸업한 이후로 애인이 없었던 적이 단 한 번도 없다고 이야기했다. 공허감을 쉽게 느끼는 그녀에게는 '애인'이란 존재가 항상 필요했을지 모른다. 그러다 보니 누군가를 만나 사귀고 헤어지는 일은 일상의 반복이 되었다. 헤어질 것이 예상되면 아직 관계가 끝난 것이 아님에도 다른 상대를 찾기 시작했고, 현재 만나는 사람에게 싫증을 느끼게 되면 다른 사람을 물색하다 적절한 때에 이별을 통보했다. 심지어 애인과 잠시 만나지 않는 동안에 다른 사람을 사귄 적도 있었다. 그녀는 자신의 삶에서 애인 없이 보내는 시간을 허락하지 않았다.

누군가 곁에 두지 않고는 견딜 수 없는 깊은 외로움과 공허감. 이것은 분명 문제였다. 하지만 내가 주목한 것은, A가 만난 대부분의 사람이 유부남이라는 사실이었다. 분석을 시작할 당시 사귀던 사람도 유부남이었다. A 스스로도 자신이 왜 유부남을 이렇게 많이 만났는지 이해할 수 없다고 이야기했다. 물론 유부남이 아닌 사람을 만난 적도 있었다. 그러나 그 만남은 지루하고 따분했다. 이런 사정을 알고 있는 친구들이 상담을 받아 보기를 권유했고, 그래서 이전에 몇 차례 상담을 받았지만 별 효과는 없었다고 했다.

A는 어머니와 일찍 이별했다. 어머니가 뇌종양으로 돌아가신 건 그녀가 여섯 살이 되던 무렵이었다. 그리고 A가 열 살쯤 됐을 때

아버지는 재혼을 하셨다. 그런데 A는, 아버지가 아내를 잃고 여러 애인을 만났던 것으로 기억하고 있었다. 아버지의 재혼으로 A는 새어머니와 새어머니의 아들과 함께 가정을 이루게 되었다. 돌아가신 어머니에 대한 기억은 그다지 갖고 있지 않았다. 억압의 과정을 통해 기억 속에서 지워진 것으로 보였다.

A는 아버지나 돌아가신 어머니, 그리고 새어머니를 떠올릴 때마다 그들이 자신의 삶에 "결코 도움이 되지 않았다"고 자주 말했다. 새어머니는 A의 기억에서 유령과 같은 존재, 곧 있으나마나 한 존재였다. 특별히 새어머니로부터 큰 상처를 받은 경험은 없지만, 그렇다고 사랑을 받은 기억도 없었다. 새어머니는 A에게 거의 관심을 보이지 않았다. 하지만 아버지는 A에게 관심과 사랑을 보여 준 것으로 생각된다. A는 어린 시절에 아버지 손을 잡고 산책을 하거나 함께 자전거를 탔던 경험을 이야기했다. 또 A가 고3 때, 아버지는 늦은 밤 학원공부를 마친 딸을 마중 나오기도 했다. 그러나 그 사랑은 지속적이지 않았다. 공무원이었던 아버지는 A를 위해 많은 시간을 낼 수 없었다. 다른 가족들을 신경 써야 하는 일도 물론 있었겠지만, 그보다 그는 자신을 위한 일에 시간을 투자했다. 아침과 저녁으로는 운동을 다녔고, 주말에는 늘 여행을 다녔다.

A의 입장에서 아버지는 손에 잡힐 듯 말 듯 한 애매모호한 존재였다. 이미 새어머니와 가정을 이뤘고, 딸에게 관심을 보이기는 하

되 그 사랑과 돌봄은 안정적이지 않았다. A는 아버지의 사랑이 이어질 것을 기대했지만, 이내 아버지는 딸에게서 멀어져 자신의 일이나 운동, 그리고 여행에 몰두했다. 아버지의 사랑에 대한 기대와 희망은 끝내 좌절되었다. 하지만 그런 아버지에게 투정을 부리거나 떼를 쓰기는 어려웠다. 혹시나 아버지마저 잃게 되는 것은 아닌가 하는 불안 때문이었다. 오히려 A는 아버지의 관심을 받으려고 징징거리는 것에 대해 깊은 죄책감을 느꼈다.

처음 A가 유부남을 만나게 된 것은 대학 졸업반이던 이십대 중반 무렵이었다. 인턴으로 근무하게 된 회사에서 B를 알게 되었다. B가 이미 결혼한 상태인 것을 알고 있었음에도 그녀는 B의 자상함과 부드러움에 매료되었고, 결국 연인관계로 발전하게 되었다. B가 유부남이라는 사실이 걸리긴 했지만 그녀는 그를 뿌리치기 어려웠다. 오히려 유부남이라는 사실이 그녀에게는 묘한 쾌감을 느끼게 해 주었다. 정상적인 관계로 발전하기 어려운 상대임을 알면서도, 그녀는 B와의 관계를 지속했다.

물론 그 교제는 쉽지 않았다. B는 A에게 쉽게 시간을 낼 수 없었다. 주중에는 회사 일이 바쁘고 주말에는 가족과 있어야 한다는 이유였다. 그녀는 이 문제로 B와 만나는 동안 계속 갈등을 겪었지만, 좀처럼 B를 떠나지 못했다. A는 B가 주말 동안 혹은 간밤에 아내와 어떻게 지냈는지를 자세하게 묘사해 주기를 부탁했다. B는 A에게 실제로 이를 묘사해 주었으며, A는 심한 질투심에 빠져 들었다. 그런데 그 질투심은 오히려 그녀에게 살아 있음을 느끼게 해 주었다.

그러던 어느 날, A는 우연히 B의 핸드폰을 보았고 B가 또 다른 여성과 접촉하고 있다는 것을 알게 되었다. 그녀는 더 이상 B와 관계를 지속하기 어렵다고 판단해 결국 그에게 이별을 통보했다.

본인의 의사로 헤어지기는 했지만, A는 B를 좀처럼 잊기 어려웠다. 다른 유부남과 교제하며 B에 대한 그리움을 달래 보려 했다. 그러나 이후에 만난 사람이 A에게 사랑을 고백하고 전적으로 맞춰 주기 시작하면, 이상할 만큼 상대방에 대한 관심이 사라지기 시작했다. 모든 것을 정리하고 A와 결혼하겠다고 하면 A는 어김없이 이별을 통보했다.

그러한 이유로 B와의 관계는 이별 후에도 이어졌다. 애매모호함과 나쁜 남자의 성향을 두루 갖고 있던 B가 A에게는 가장 매력적인 상대였다. B는 전혀 쉬운 대상이 아니었다. 그는 지나치게 자기애적이며 제멋대로였다. 그녀를 위해 헌신하지 않았고, 마치 자기 주머니 안에 들어 있는 인형처럼 A를 대했다. 이런 B를 만나면서 느낀 강렬함을 A는 자신의 몸 전체가 떨리는 전율로 묘사하곤 했다. 두 사람은 재회 이후 약 1년간 교제를 이어 갔다.

초기 상실과 분리

A는 나와 2년이 넘는 시간 동안 분석을 진행했고, 결론부터 말하자면 성공적인 결과에 도달했다. 초기에 A에게 드러난 주요 문제는 쉽게 사그라들지 않는 공허감과 우울감이었다. A가 공허감과 우울감을 경험하는 것은 양육 배경상 이해할 만한 일이다. 여섯 살 무렵에 어머니를 잃었고, 이후에 아버지 또한 있지만 없는 듯 경험되었기 때문이다. 이는 그녀의 마음에 큰 구멍을 남길 수밖에 없었다. 초기의 상실과 분리가 제대로 다뤄지지 않으면, 내면에 만성적인 공허감과 우울감을 형성할 수 있다.

상실과 분리의 경험은 오늘날 아동 사례에서 흔히 찾아볼 수 있다. 부모나 형제처럼 실제로 중요한 사람을 잃는 경우도 있지만, 그게 아니더라도 상실과 분리를 초래하는 경우는 존재한다. 예를 들어, 애완동물을 잃은 경우다. 대부분의 부모가 자녀가 소중하게 여기는 애완동물을 잃었을 때 함께 슬퍼는 하지만 자녀가 경험하는 깊은 상실감까지는 모를 수 있다. 그런데 이를 대수롭지 않게 여겨 잘 다루지 못하면 자녀에게 상실에 따른 공허한 느낌이나 분리 불안이 생긴다. 자녀를 제 2의 양육자에게 맡기는 것도 마찬가지이다. 아이의 기질에 따라서는 일찍 어린이집에 내몰리는 것도 상실감의 경험이 될 수 있다. 또 아이의 욕구를 지나치게 좌절시키는 경우도 상실감을 낳을 수 있음을 기억해야 한다. 이에 대해 짧게 설명하자면, 아이는 신체가 자라나면서 자신의 주변 세상으로 시선을 돌리고 관심을 갖게 된다. 이때 세상을 탐색하려는 아이의 욕구를 보호라는 명목으로 좌절시키거나, 세상을 탐색하다 두려움으로 다시 부모에게 의존하려는 아이의 마음을 좌절시키는 경우에 아이는 큰 상실을 경험한다. 아동에게도 욕구가 있고 이를 풀어 가는 나름의 방법 또한 가지고 있다. 부모가 이를 이해하지 못하고 자신의 틀에 맞춰 지나치게 통제한다면, 큰 공허감을 아이에게 안겨 줄 수 있음을 기억해야 한다.

정신분석의 개념과 이론들을 설명하며 반복적으로 언급했듯이, 어린 시절의 어떤 경험과 기억은 한 사람의 인생에 오래 흔적을 남긴다.

지지하기를 통한
치유

공허감과 우울감이 깊은 사람에게 가장 중요하고 필요한 것은 무엇일까? 바로 결핍을 메우는 일이다. 이런 경우 대개 정신분석적 상담은 일주일에 2회 상담을 권장하는데, 이때의 목표는 손상된 마음을 지탱할 수 있도록 내담자를 지지하는 것이다. 그러나 그 전에 먼저 '긍정적인 전이가 형성된 상황'이 이루어져야 한다. 나에게 사랑과 관심을 보내 주고, 내 편이 되어 내 이야기를 경청하고 공감하며(거울), 나와 함께 내 문제를 해결하고 풀어 나가 줄 수 있을 것(이상화, 쌍둥이)이라고 내담자가 분석가에 대해 느낄 수 있을 때, 지지하기는 효과를 발휘한다. 만약 나에게 그리 호의적이지 않고, 내가 별로 좋아하지도 않는 사람이 내 이야기를 듣고 내게 해결책을 제시

한다고 가정해 보자. 겉으로는 감사를 표현하지만, 속으로는 '너나 잘해'라고 말할지도 모른다. 따라서 긍정적인 전이가 형성되는 것은 매우 중요하다.

그 이별은 몹시 힘들었을 것 같아요

나는 깊은 공허감과 우울감을 호소하는 A에게 지지하기 위주의 대화 방법을 선택했다. 물론 정신분석적 상담의 목표는 무의식의 의식화이다. A의 사례로 이야기하면, 왜 유부남을 애인으로 선택하며 파행적인 관계를 형성하는가에 초점을 맞춰 그 무의식적 의미를 드러내는 것이 분석의 목표가 될 것이다. 하지만 A는 지금 자신의 무의식을 알고 싶은 것이 아니다. 그녀가 호소하는 것은 뻥 뚫린 듯한 마음이다. 잠시라도 혼자 남겨지면 바로 엄습하는 깊은 외로움과 허전함이 그녀를 괴롭히고 있다. 그리고 그녀 스스로는 이것을 달랠 수 없다. 먼저 이에 대해 다루지 않는다면 아무리 무의식적 의미를 드러낸다 해도 효과는 없다. 준비되지 않은 마음은 무의식의 진실을 마주해 봤자 반응하지 않는다.

아무런 판단 없이 진지한 자세로 경청하는 분석가에게 내 이야기를 50분 동안 할 수 있다는 것은 많은 내담자들에게 흥미로운 경험이다. 이것은 분석가가 내 편이 되어 나를 깊이 공감해 줄 것이라는 거울 전이를 일으킨다. 분석가가 거울 자기대상이 되는 것이다.

나는 공허한 마음을 채우기 위한 A의 무의식적 공상과 행동, 곧 자신이 누군가에게 중심이 되어야 할 것 같다는 느낌, 그리고 그 누군가는 아버지처럼 애매모호한 위치에 있는 사람이어야 한다는 것, 마음의 허기를 채우기 위해 그런 대상과 중독적인 관계를 맺고 사랑을 나누는 것 등을 판단하지 않고 들었다. 공감적 반영을 통해 A가 느끼는 감정의 정당함을 인정해 주었다. 그리고 A가 B와의 이별의 순간을 이야기할 때, 나는 이렇게 말했다.

"그 이별은 몹시 힘들었을 것 같아요. 지금도 금방이라도 울음을 터뜨릴 것처럼 눈시울이 붉어졌네요."

감정에 이름을 붙여 주는 작업은 거울의 역할 중 하나이다. 이 작업은 내담자로 하여금 누군가 나를 이해하고 존중한다는 느낌을 받게 하며, 다루기 어려웠던 감정들을 언어화시켜 다룰 수 있게 된다는 것을 의미한다. 또한 내담자는 깨닫지 못하는 자신이 가진 자원을 발견하고 일깨우는 것도 거울의 역할이다.

"직접적으로 이야기하진 않았지만, 취업시장 여건이 좋지 않은 상황에서도 일자리를 찾고 또 그 일을 유지한다는 건 A씨가 힘이 있다는 것을 의미합니다."

이런 거울의 역할이 내담자가 자신을 보다 현실적으로 이해하고 바라볼 수 있도록 돕는다. 그리고 이를 통해 텅 빈 마음은 조금씩 채워져 가고 분석에 협력적인 자세를 취하게 된다.

거울의 역할은 늘 대상을 필요로 한다. 누군가 그런 역할을 해 주어야 한다는 뜻이다. 하지만 내가 나에게 이런 역할을 해 주는 것도 도움이 된다. 내 감정에 이름을 붙여 언어화시키고 내게 있는 좋은 경험을 일깨워 격려하는 일은 불편한 감정을 누그러뜨리는 데 도움이 된다. 예를 들어, 발표 직전 지나친 긴장과 불안이 엄습했을 때 자신에게 이렇게 말할 수 있다. '지금 나는 발표하며 실수할까 봐, 그래서 웃음거리가 되거나 비난을 받을까 봐 무척 불안해하고 있어(정서에 이름 붙이기). 하지만 나는 지난번에도 떨었지만 큰 문제 없이 발표를 마무리했었어(격려).' 물론 사람마다 상황마다 거울의 지지기법은 달라질 수 있다.

그것보다는 이것이 더 좋아 보여요

여기서 기억해야 할 것이 있다. 이렇게 마냥 내담자를 격려하고 위로하는 것이 상담자나 분석가의 일은 아니라는 사실이다. 상담은 내담자를 좋게 대해 줘서 치유를 일으키는 것이 아니다. 지지기법의 방법으로 내담자의 편에 서는 것을 그저 내담자의 기분을 맞춰 주는 것으로 오인할 수 있겠지만, 이는 내담자의 손상된 자아를 지탱하는 일인 동시에 결손이 있는 자아를 대신해 대리적으로 판단과 결정을 돕는 일이기도 하다. 내담자에게 지나친 중독 행위가 있을 때, 습관적으로 자해를 할 때, 위험한 성적 비행을 할 때, 현실에 대한 판단이 현저하게 떨어질 때 분석가는 내적 손상으로 판단력이 흐트러진 내담자에게 지지의 기법을 쓸 수 있다.

A의 경우, 비록 파행적인 연인관계를 맺고 있긴 했지만 현실 판단력이나 충동 조절력은 '비교적' 양호했다. 비교적 자신을 잘 제어하고 또 상황에 쉽게 적응하기도 했다. 다만, 일주일에 한두 번 지나친 음주로 기억을 잃는다는 것과 또 애인을 자극시켜 성적인 비행을 유발한다는 점에 있어서는 분석가가 대리적인 기능을 수행할 필요가 있었다. (내담자가 자아의 능력이 약해져 있어 옳은 판단을 내리기 어려운 상황일 때, 분석가가 지지적인 관점에서 대리적인 자아의 역할을 하여 위험한 선택이나 행동을 하지 못하도록 해 줄 필요가 있다는 것으로 이해하면 되겠다.)

"A씨가 음주를 통해 좋은 느낌을 가질 수 있다는 것은 충분히 이해해요. 하지만 지나친 음주가 오히려 A씨에게 더 큰 불안과 충동을 낳고 있는 것으로 보여요. 좋은 느낌을 유지할 수 있는 다른 방법들에 대해 함께 찾아보도록 해요."

이것 또한 지지의 기술 중 하나이다. 물론 자신을 잘 보호하고 안내해 줄 부모처럼 분석가가 느껴질 때(이상화 전이), 이런 지지의 기술은 유효적절하게 적용될 수 있다. 내담자가 분석가의 조언을 받아들여 현실적인 선택을 하게 될 가능성이 높아지는 것이다. 그러나 만약 이상화 전이가 존재하지 않는 상태에서 이런 식으로 개입하는 것은 오히려 반감을 낳을 수 있다. 분석가가 소위 꼰대처럼 느껴질 수 있다는 이야기다.

함께 그 문제를 생각해 봅시다

분석가는 내담자의 이야기를 그저 듣기만 하는 것이 아니다. 내담자가 가진 문제를 해결하기 위한 방법을 제시하는 역할을 한다. 이때, 분석가가 내담자와 함께 고민한다는 느낌을 주는 것은 효과적인 상담을 위한 전제 조건이다. 이 '함께하고 있다'는 느낌은 내담자로 하여금 분석가에게 더욱 협력하도록 만든다. 따라서 분석가가 내담자의 이야기를 경청하고, 그의 문제를 놓고 함께 고민하고 있음을 보여 줘야 한다.

계속적으로 B와 만나는 자신에 대해 A는 이렇게 이야기했다.

"그와 관계를 끝내야 한다는 것을 잘 알아요. 하지만 저도 모르게 B에게 연락하게 돼요. 그는 제게 살아 있음을 생생하게 느끼게 해 주거든요."

이 같은 행동과 느낌을 가져오는 무의식적 의미를 A에게 드러내 보이는 것이 정신분석의 핵심적인 목표이다. 그러나 그 전에 분석가가 A와 함께하고 있음을 보여 줄 필요가 있다.

"원치 않는 행동을 자꾸 반복해서 좌절감을 느끼셨을 것 같아요. 지금의 갈등을 이해하기 위해 함께 이야기 나누도록 해요. 마음 깊은 곳에 숨겨진 것들을 찾아보는 게 큰 도움이 될 거예요."

이처럼 분석가가 내담자의 어려움과 함께하고 있음을 말로 표현할 때, 내담자는 쌍둥이 전이를 경험하고 변화의 동기를 부여받는다. 하지만 변화의 필요를 느끼고 동기를 부여받는다고 해서 내담자가 쉽게 변화하는 것은 아니다. 상담 시간에 수없이 문제 행동에 대해 이야기를 나누어도 내담자가 계속적으로 파괴적인 행동을 할 수 있다는 점을 분석가는 예상할 수 있어야 한다. 그리고 인내하며 기다려야 한다. 실제로 A는 변화의 과정에서 습관적으로 이전의 방식과 행동을 선택했다. 분석가는 그럴 때에도 여전히 내담자와 함께하고 있음을 보여 줄 필요가 있다.

"이전처럼 행동해서 참 속상하셨겠어요. 하지만 A씨에게는 이미 변화가 일어나고 있다는 사실을 기억하면 좋겠어요. 이전에는 내가 왜 그렇게 행동하는지조차 몰랐지만 지금은 이해하고 있잖아요. 다음에는 어떻게 해야 할지 함께 생각해 봐요."

이렇게 함께한다는 느낌을 제공하는 것은 내담자의 자기감을 향상시키는 지지의 기술이다.

결핍을 메우는 지지

일부 독자들은 이것이 어떻게 무의식을 의식화시키는 정신분석이냐며 반문할지 모른다. 사례가 사례인 만큼 분석가가 내담자의 잘못된 행동을 제지하지 않는 듯한 이 상황이 불편할 수도 있겠다. 곧 설명할 드러내기에서 풀어 나가겠지만, 우선 이런 지지의 기술이 정신분석에서 어떤 의미인지를 설명할 필요가 있을 것 같다.

이미 언급했듯이 마음이 준비되지 않은 사람에게는 지지의 기술이 필요하다. 비난이나 평가, 판단 없이 이야기를 경청하고, 공감과 격려로 반응하고, 기다려 주는 것이다. 마음의 결핍은, 무관심하고 비공감적이며 평가를 일삼는 비지지적 환경으로 인해 생겨난다. 따라서 분석가가 내담자에게 거울과 이상화, 쌍둥이 자기대상이 되어 지지적 기술을 사용한다는 것은 발달상의 결핍을 재활성화하여 해소한다는 의미가 있다. 무엇보다 이런 자기대상 전이가 일어났다는 것은 내담자가 결핍을 유발한 어린 시절로 다시금 돌아간 상태를 의미하는 것으로, 전이 관계 속에서 내담자는 분석가와 새로운 양육관계를 경험한다고 말할 수 있다. 어린 시절에 경험하지 못해 비어 있는 관심과 공감, 이해의 자리를 분석가를 통해 메우는 것이 다. 이것이 전이를 통한 치료의 첫 번째 측면이다.

전이를 통해 어린 시절로 돌아간다는 것은 무의식을 알아내기 위한 고고학적 목적도 있지만, 멈춰 버린 발달을 재활성화한다는 것을 의미하기도 한다. 한마디로 분석가는 제 2의 양육자가 되는 셈이다.

드러내기를 통한
치유

A가 지속적으로 유부남을 애인으로 선택하는 데에는 무의식적 갈등이 존재한다. A는 자신의 선택과 행동이 과거의 어떤 사건이나 삶의 배경과 연결되는지 이해할 필요가 있다. 이는 A의 무의식을 탐색하는 작업이고, 이것이 바로 '드러내기'의 기술이다.

　A의 무의식에서 어떤 일이 일어나고 있는지를 알기 위해 그녀의 과거력을 살펴볼 필요가 있다. A는 이른 시기에 어머니를 잃었다. 이것은 깊은 상실과 분리의 고통을 암시한다. 이른 시기에 경험하는 상실은 마음 깊은 곳에 소외감, 외로움, 공허감을 남긴다. 어머니를 잃은 A가 의존할 수 있는 유일한 대상은 아버지였다. 하지만 어린 시절 A의 관점에서 보면, 아버지는 사랑을 주는 듯 하면서도

그 사랑을 거둬들이는 존재였다. 아예 사랑을 주지 않는 무관심한 아버지라면 기대도 하지 않았을 텐데, A의 아버지는 사랑을 줄 듯 말 듯 했다.

A의 과거력을 탐색하며 나는 중요한 두 가지 사실을 발견했다. 어머니를 상실한 것과 아버지와의 애매모호한 관계였다. 정신분석적으로 말하면, 어머니의 수유를 아버지의 돌봄으로 대체하려고 했으나 결국 만족스럽지 못한 결과를 경험한 것이다.

손에 잡힌 듯 말 듯

유부남은 그녀에게 있어 자신의 아버지와 같이 애매모호함을 갖는 존재다. 그녀의 내적세계에 존재하는 어떤 욕구를 자극하지만, 결과적으로 만족을 줄 수 없는 한계를 가진 아버지(대상표상)를 대변하는 대상이다. 자신에게 사랑을 줄 듯 했지만 충분하게는 주지 않았던 아버지와의 관계에서 내면화된 대상으로 이해할 수 있다. 물론 아버지에게도 사정은 있었을 것이다. 아내를 잃고 방황했을지 모르고, 삶의 안정을 위해 새로운 가정을 꾸리는 게 당연하다고 여겼을지 모른다. 하지만 이 모든 과정을 자녀에게 충분히 설명하고 이해시키는 작업이 없었다. 따라서 아버지의 그런 결정이 어쩌면

248

'가질 수 없는 아버지'의 이미지를 강화시켰는지 모른다.

A를 생동감이 넘치고 살아 있게 만드는 관계는 사랑을 줄 듯 보이지만 결국엔 줄 수 없는 아버지와 같은 사람들과의 관계였다. 곧, 애매모호한 상태에 있는 사람들과의 관계는 그녀의 무의식적 욕구를 자극했다. 그래서 선택된 대상이 유부남이었다. 유부남이라고 해도 그 같은 조건을 충족시키지 못할 때, 예를 들어 애인의 자리에 만족하지 않고 A에게 결혼에 대해 이야기하면 A는 이별을 통보했다. A는 미혼의 남자를 만났을 때에도 성심성의껏 자신을 돌보고 세심하게 배려하는 남자에게는 흥미를 가질 수 없었다. 심지어 사랑받는다는 느낌조차 받지 못했다. 반면에 적절하게 무관심하고 때로 자신을 함부로 대하는 듯한 소위 나쁜 남자에게 그녀는 훨씬 더 매력을 느꼈다.

손에 잡힐 듯 말 듯 하여 그녀를 흥분시키지만, 끝내는 좌절을 안겨 주는 아버지와 같은 애매모호한 사람. 그 조건을 거의 완벽하게 갖춘 대상이 B였다. 그가 결혼을 한 사람이라는 것도 그렇지만, B는 자기 자신에게 몰두되어 있어서 A에게 큰 관심과 사랑을 제공하지 않았다. A는 B가 마치 자신의 주머니에 A를 넣고 마음대로 꺼냈다 넣었다 하듯 굴었다고 묘사했다. 그는 자신의 필요에 따라 A를 사랑했다. 이런 상황에서 자존심이 상할 만도 했지만, B를 통해 경험하게 되는 강렬한 느낌이 B와의 관계를 끊기 어렵게 만들었다.

의문점이 든다. A는 왜 자신의 아버지와는 다른, 온전히 자신을 사랑해 줄 수 있는 사람을 선택하지 않을까? 좌절을 안길 뿐만 아니라 결국엔 이뤄질 수 없는 대상을 A는 왜 자꾸 선택할까? 충분한 사랑이 더 큰 위로를 주지 않는가? 이 질문들에 대한 정신분석적 대답은, "그건 무의식을 이기기 어렵기 때문이다"이다.

발달상의 미해결 과제는 마음 깊이 남아 의식되지 못한 채 개인의 선택과 행동에 영향을 끼친다. A가 주로 유부남을 애인으로 선택한 것은 이런 대상을 통해 과거에 끝내지 못한 과제를 재연하여 해결해 보려는 무의식적 의미가 담겨 있다. 다시 말해, 그녀에게 상처를 주었던 과거 아버지와의 관계를 지금 여기에서 반복하여 다루려는 데 일차적인 목적을 갖는다. 이것은 회복과 성장을 위한 일종의 무의식적 움직임이기도 하다. 사랑을 약속하고 그 약속을 지키지 않았던 아버지와의 관계를 재연하여 결국엔 사랑과 관심을 쟁취하고 만족을 경험하려는 것이다. 하지만 A의 이 같은 선택과 행동은 A에게 상처와 고통을 남길 뿐이다. 애매모호한 상황의 사람들과의 관계 자체가 현실에선 상처와 고통을 남길 수밖에 없기 때문이다.

제가 여자로서 매력이 있을까요?

A는 자신의 과거력과 지금의 관계 양상을 연결 지어 이해하고 통찰할 필요가 있다. A를 준비시켜 시의적절한 순간에 그런 통찰에 이르도록 세심하게 돕는 것이 분석가의 역할이다. 이때 분석관계에서 특징적인 전이, 곧 A가 분석가를 자신의 애매모호한 아버지로 경험하는 전이가 나타나게 된다면 분석가는 A의 무의식으로 깊이 들어갈 수 있고 그의 통찰을 도울 수 있다. 다시 말해, 더욱 치유적인 경험에 이를 수 있다.

초반에 A는 나를 거울과 이상화, 그리고 쌍둥이 자기대상으로 경험했기에 분석관계는 발전할 수 있었다. 그런데 어느 순간부터 A는 나를 자신의 아버지처럼 경험하기 시작했다. A의 입장에서 나는 어쩌면 아주 애매모호한 대상이다. 매주 1회 50분의 분석 시간 자체도 그렇거니와, 나의 태도는 회기를 거듭할수록 A에게 자신을 돌보고 보살핀다는 느낌을 강렬하게 주기 어려웠다. 분석 초반에 A는 매주 상담을 하러 오는 것이 기다려진다고 말했지만, 점차적으로 분석이라는 구조가 주는 답답함을 호소했다.

"제가 매주 여기서 이런 이야기를 해 봤자 뭐가 달라지겠어요. 선생님께는 돌봐야 할 사람들이 많잖아요. 가족도 있고 다른 내담자들도 있고요."

그녀는 자신이 나에게 중요한 사람이 아니라는 점을 부각시키며 아쉬워했다. 이것은 과거에 그녀가 경험한 아버지의 느낌을 분석가인 나에게 옮기기 시작한 것이라고 판단할 수 있다. 곧, 아버지에 대한 느낌으로 분석가를 보는 전이이다.

분석이 한참 진행되면서 그녀는 분석을 시작할 당시 만나고 있던 애인에게 이별을 통보했다. 그리고 분석관계에서 부쩍 자신의 외모에 대해 질문을 많이 했다.

"선생님이 보시기엔 제가 여자로서 매력이 있을까요?"

나는 교과서적인 답변만을 주었다.

"대답하기 곤란한 질문인 것 같아요. 그 질문을 어떻게 하시게 됐는지 이야기해 주시겠어요?"

그녀는 자신이 매력이 있는지 없는지도 말해 줄 수 없냐고 불평하며 실망감을 드러냈다. 하지만 다른 한편으로는 자신이 분석을 통해 많은 도움을 받았다고 이야기하면서, 조금 더 자주 이곳에서 분석을 받았으면 좋겠다는 소망을 표현했다. 그녀는 나에게 중요한 사람이 되고자, 나의 사랑을 얻고자 노력했다. 그리고 자신의 노력에도 원하는 만큼의 보상이 돌아오지 않는다고 느끼면 내게 불평을 늘어놓았고, 때로는 나를 미워하기도 했다. 이것은 분석가에 대한 각별한 애정을 보여 주는 것일 수도 있지만, 상황상 분석관계를 일종의 대체연인관계로 인식하고 있음을 말해 주는 것이다.

누구에게나
숨겨진 마음이 있다

이런 전이는 분석가를 참 어렵게 만든다. A가 분석 시간에 오는 것에 부담을 느끼게 한다. 매력적인 여성 내담자가 남성 분석가의 사랑을 받기 위해 노력하는 것(남녀가 바뀌는 상황도 마찬가지다)을 보일때, 분석가는 이것의 의미를 잘 이해할 수 있어야 한다. 한마디로 전이에 대한 이해가 필요하다. 만약 분석가가 분석의 틀을 깨고 이를 허용하거나, 아니면 이것이 곤혹스러워 회피한다면 내담자는 치유의 기회를 잃게 된다. 정신분석적인 측면에서 강한 회피는 이런 관계에 대한 금기된 끌림을 의미하기도 하다.

분명한 것은 이 같은 전이가 치료적으로 대단히 중요한 요소라는 점이다. 곧, A와 나 사이에 아버지 전이가 일어났다면, 이 전이를 잘 다루기만 하면 A는 전이의 양상을 통해 무의식의 깊은 측면을 이해할 수 있게 된다. 그뿐만 아니라 자신의 정서와 느낌을 유발하는 무의식적 관계 양상을 통찰할 수 있게 된다. 자신의 마음속에 존재하는 애매모호한 아버지에 대한 깊은 욕구와 나아가 어머니를 향한 깊은 애정을 발견하게 되는 것이다. 그리고 그것이 현재 자신이 맺는 관계에 무의식적으로 어떤 영향을 끼치는지 알게 된다.

아래의 대화는 A와의 분석관계에서 전이를 다루는 한 장면이다.

A: 선생님의 말씀에는 영혼이 없어요. 요즘 들어 선생님께 위로를 받고 있지 못해요.

나: 제 말에 위로받지 못한다고 느끼셨네요.

A: 바로 지금처럼 그렇게 말씀하시는 것도 마찬가지예요.

나: 제 이런 태도에 대해 이야기해 보면 좋을 것 같아요. 제 태도에 무엇이 떠오르세요?

A: 글쎄요. 역시 아빠가 떠오르네요.

나: 어떤 느낌인데요?

A: 불편하지요.

나: 어째서 그럴까요?

A: 아버지와는 친하지 않았어요. 여섯 살 때 어머니가 돌아가신 이후로 아버지와 별로 접촉이 없었던 것 같아요. 물론 아버지가 노력하셨다는 생각은 들어요. 저를 귀여워해 주시고 사랑해 주셨어요. 하지만 저는 그 사랑과 관심이 충분하다고 생각하지는 않았어요.

나: 아마도 제가 A씨에게 충분한 사랑과 관심을 주고 있지 못하다고 생각하시는 것 같아요. 아빠에게 그렇게 느끼셨던 것처럼 말이지요.

그녀는 나와의 관계에서 충분한 사랑과 관심을 받고 있지 못하

254

다고 느꼈다. 이는 충분한 사랑과 관심을 제공하지 못하고 자신을 애매모호하게 만족시켰던 아버지에 대한 느낌을 내게 옮겨 놓은 것이다. 더불어 보살핌과 돌봄에 대한 마음 깊은 갈증을 드러낸 것이다. 결국 이 전이를 통해 A의 현재 삶과 사람들에 대한 느낌에 영향을 주고 있는 무의식의 단면이 꺼내질 수 있었다. 나는, A가 과거 아버지에게 충분한 사랑과 관심을 못 받고 있다고 느꼈던 것처럼 나(분석가)에게도 그렇게 느끼는 것 같다고 이야기해 줌으로써 그 결핍의 느낌이 어디에서 비롯된 것인지를 드러내 보여 주었다. 그녀는 나와의 관계에서 지금 일어나고 있는 일을 볼 수 있게 되었고, 더불어 현재 자신이 맺고 있는 관계들도 돌아보게 되었다. 성취하기 어려운 사랑에 그녀가 무슨 이유로 매달리고 있는지를 볼 수 있게 된 것이다. 그리고 이 같은 통찰은 A의 오래된 관계 양상에 변화를 가져왔다. 물론 이러한 통찰과 변화는 한두 번의 해석으로 가능해지지 않는다. 계속된 이해와 통찰의 과정이 필요하다. 내가 A와 2년이 넘는 시간 동안 분석을 진행했다는 것을 기억하기 바란다.

되살아난 아버지와 어머니

나는 종종 동료 교수님들과 LP음악카페를 간다. 그곳에서 음악을 듣고 있으면 잊혔던 과거의 기억들이 그 공간과 분위기, 그리고 음악을 통해 되살아난다. 그 환경이 옛 기억을 가져오는 것이다. 이것이 내가 정신분석을 LP음악카페에 비유하는 이유다. 정신분석도 환기가 일어나는 시공간을 제공한다. 분석실과 분석가는 내담자가 과거로 돌아가도록 만드는 환기의 대상이다. 분석가와의 관계에서 내담자의 과거는 되살아나 내담자가 사랑했고 또 미워했던 어떤 대상과의 관계가 지금 이 자리에서 다시 살아난다. 혹 과거에 미해결된 과제와 갈등이 있는 경우, 그것은 다시금 분석관계에서 표현되면서 해소되어 간다. 그것이 정신분석이 갖고 있는 치유의 힘이다.

그녀의 전이에서 나는 그녀에게 애매모호한 사랑을 주었던 아버지가 되었다. 그렇게 A는 자신의 과거를 지금 여기에서 표현했고, 나는 A와 함께 그녀의 무의식으로 들어갈 수 있었다. 이렇게 내담자의 무의식에 분석가가 참여하게 되는 것은 내담자에게 좋은 기회이다. 왜냐하면 분석가는 내담자의 무의식을 변경하고 바꿀 수 있는 위치에 있기 때문이다. 영화 '인셉션'에서 주인공이 누군가의 꿈에 들어가 그의 무의식을 변경할 수 있는 것처럼 말이다.

분석가는 전이 속에서 내담자의 마음속 한 인물이 된다. 그러나 그 인물이 된 분석가는 내담자의 과거 속 그 인물과는 다르다. 아버지의 역할을 맡고 있을 뿐 그녀의 아버지가 아니라는 뜻이다. 완전히 다른 사람이다. 극 중 역할도 어떤 배우가 맡아 하느냐에 따라 느낌과 감동이 달라지듯이 말이다. 분석가는 내담자의 내적세계의 한 인물이 되지만, 이것이 내담자의 문제를 다루고 또 인식되지 못했던 내담자의 일부를 통합할 기회를 주기 위한 것임을 안다.

나를 바라보는 새로운 시선

점차적으로 A는 분석을 통해 자신을 이해하기 시작하면서, 그동안의 삶이 회복과 성장을 위한 무의식적인 노력이었음을 이해하기에 이르렀다. 아버지, 나아가 어머니와의 관계에서 생긴 결핍을 메우기 위해 자신이 얼마나 애쓰며 살아왔는지를 알게 되었다. 더불어 그 과정에서 일어난 일들이 전적으로 자신의 잘못이 아니며, 자신이 부족해서가 아님을 알게 되었다. 2년여 넘게 지속된 분석을 통해 그녀는 새롭게 자신을 바라보게 되었고, 진정 자신을 위한 선택을 내릴 수 있는 힘이 생겨나기 시작했다.

독자들 중에는 '만약 분석가가 여성이었다면 이 분석이 어떻게 진행되었을까?' 궁금한 이가 있을지도 모르겠다. 전이는 다양한 방식으로 나타나기에 획일적으로 표현하기 어렵다. 이 사례에서 여성 분석가라면 상징적인 표현으로 '수유해 줄' 어머니의 역할을 분석가가 할 수 있었을 것이다.

B와의 관계는 완전히 끝이 났다. 그런데 여기서 짚고 넘어가고 싶은 것은, 정신분석은 일차적으로 증상 완화를 목표로 하지 않는다는 것이다. 증상 제거를 목표로 하는 것은 다른 강박, 다른 신경증적 자세일 수 있다. 증상은 대개 한 사람의 기나긴 삶의 역사를 반영하는 것으로, 증상을 없앤다고 문제가 해결되는 것은 아니다. 하나의 증상이 사라진 후, 더 큰 증상이 그 사람을 괴롭힐 수 있다. 이런 말이 어떻게 들릴지 모르지만, 어쩌면 증상은 그 사람에게 필요했던 것인지도 모른다. 증상이 있어야 마음의 다른 부분에서는 균형을 갖게 되었을 수 있기 때문이다. 정신분석은 긴 삶의 역사를 갖고 살아가는 나 자신이 보다 더 이해되고 납득되며, 내가 나를 존중할 수 있게 되는 것을 목표로 삼는다는 게 더 맞다.

그건 당신의 잘못이 아니에요

사람은 추억의 동물이다. 추억을 먹고 산다는 의미가 아니라 과거의 흔적이 현재까지 이어진다는 의미에서다. 의식은 이를 모를 수 있지만 몸은 과거를 기억한다. 그리고 그 기억들은 개인의 인간관계와 선택에 영향을 끼친다. '내가 왜 저 사람에게 끌릴까?', '내가 왜 그 사람을 미워할까?' 때로는 나조차 잘 이해가 되지 않지만 내 몸은 알고 있다. 왜 스스로가 형편없다는 느낌이 드는지, 왜 늘 무언가 잘못한 것처럼 느끼는지 내 몸은 잘 알고 있다. 그것은 먼 과거에 속한 기억으로 인한 것으로, 과거의 느낌이 현재의 나를 사로잡는 것이다. 바로 그 과거가 분석가와의 관계에서 환기되고 되살아난다. 이때 분석가는 내담자의 과거 속 주요인물이 되지만, 그 사람과는 다르다. 새로움을 가져오는 인물이다.

늘 죄책감을 갖고 삶에서 일어나는 모든 안 좋은 일을 자신 때문이라고 느끼는 내담자가 있었다. 그러다 보니 자신의 잘못이 아님에도 '미안하다' '죄송하다'는 말을 입에 달고 살았다. 그는 나와의 관계에서도 늘 자신 때문에 분석이 잘못되어 가고 있다고 이야기했다. 연상을 잘하지 못해서 미안하고, 분석비를 충분히 주지 못해 미안하다고 말했다.

그와 이야기를 나누며, 그가 어린 시절 부모님의 불화와 다툼을 가까이에서 보아 왔다는 것을 알 수 있었다. 그는 부모님이 싸울 때마다 행여나 두 분이 이혼하지는 않을까 걱정했고, 이 모든 것이 자신이 잘하지 못한 탓이라고 생각했다. 아이는 부모에게 잘하는 자녀가 되기 위해 스스로 겸손해졌다. 그의 이런 태도가 나와의 관계에서도 드러난 것이다. 전이 관계에 있었던 나는 그에게 이야기했다.

"그건 선생님 잘못이 아니에요."

아버지의 역할이 떠맡겨진 분석가의 이 말은 내담자에게 치유와 회복을 가져온다.

우리도 과거 속에 갇혀 있을지 모른다. 어떤 이들은 과거가 어떻든 얼마든지 새로운 선택을 할 수 있다고 이야기한다. 맞는 말이다. 우리는 보다 나은, 건강한 삶을 위해 옳은 것을 선택할 수 있고, 또 그래야 한다. 그런데 무의식이란 거대한 복병이 우리의 발목을 잡는다. 사실 무의식을 이기기란 어렵다. 무의식 세계는 내 의식의 통제와 조절 너머에 있기 때문이다.

우리 각 사람은 과거에 자신에게 주어진 능력과 자질을 총동원해 고통스럽고 힘든 상황에서 생존하기 위해 최선을 다해 왔는지도 모른다. 그런 생존의 노력과 사투가 바로 무의식에 저장되어 있다. 그리고 무의식 속 어떤 기억과 감정은 지금의 삶에서도 재연되고 있다. 나를 힘들게 하는 나의 어떤 것들이 내가 살아내기 위해 발버둥 친 흔적일 수 있다고 생각하면, 우리는 나 자신과 내 삶을 다시 볼 수 있을 것이다. 어쩌면 우리 모두에게는 그 무엇보다 이 말을 해 줄 사람이 필요한지도 모른다. "그건 당신 잘못이 아니에요."

그건 당신 잘못이 아니다.

1. 나에게는 어떤 결핍이 있습니까? 그 결핍을 채우기 위해 내가 사용하는 방법은 무엇이며, 그것은 건강하고 적응적입니까, 아니면 결과적으로 나에게 어려움과 불편을 가져다줍니까? 후자라면, 그럼에도 그 방법을 사용하는 이유는 무엇인가요?

2. 지금의 나를 이해할 수 있는 과거의 기억(경험)은 무엇입니까? 그 기억 속에서 나는 어떤 느낌을 갖고 있나요? 그 느낌은 지금 나의 인간관계에 어떤 영향을 끼치고 있습니까?

3. 나를 오랫동안 힘들고 곤란하게 하고 있는 것을 떠올리며, "그건 내 잘못이 아니다"라고 스스로에게 이야기해 봅시다. 어떤 느낌이 듭니까? 그동안 내 잘못이라고 생각하며 살아오는 것이 더 편했다면 무엇 때문이라고 생각하나요?

X

나와 너를 향한
깊은 존중

나는 교수로서 많은 학생들을 만나고, 또 분석가로서 많은 내담자들을 만나면서 우리 시대에 얼마나 큰 억압이 존재하는지를 확인한다. 그것은 '진정한 자기'의 억압, '자발적인 욕구와 몸짓'의 억압으로 표현할 수 있다.

한국 사회는 어린 시절부터 무엇이든 잘할 것을 요구한다. 아동 상담 현장에서 만나는 많은 부모들이 특별한 목적 없이 그저 남들이 다 하니까, 혹은 내 아이가 뒤처질까 봐 불안한 마음에 자녀에게 이것저것을 배우도록 요구한다. 그리고 아이가 좀 더 크면 좋은 성적 받을 것을 강요한다. 입시 제도가 좋아졌다고 말하지만 학생들은 여전히 큰 압박 속에서 항상 무엇인가에 쫓기며 살아간다. 더 좋은 스펙, 더 화려한 이력서, 더 완벽한 외모, 최고의 성적…. 그것들을 가져야 인정받고 사랑받을 수 있다고 생각하는 것이다.

이런 요구와 기대 속에서 사람은 개인의 자발적인 욕구와 몸짓을 억압한다. 자신만의 욕구와 몸짓이 있는지조차 알지 못한다. 사회와 가정이 지속적으로 요구하는 것에 맞추고 반응해야 할 것 같은 분위기 속에서 진정한 자신을 잃어버리는 것은 어쩌면 당연한 일일 것이다.

내가 만나는 많은 학생들과 내담자들은 누가 봐도 충분히 사랑스러운 존재들이다. 그러나 그들의 대다수가 다른 사람은 거의 눈치 채지 못하는 신체의 단점을 부각시켜 자신은 못났다고 여기고 우울해한다(자신이 임시완보다 더 잘생겨야 한다고 생각하며 혼자만의 경쟁을 하는 내담자를 본 적도 있다). 매 학기 4.3 만점에 4.27 이상을 받아야 한다고 주장하는 학생은 4.23을 받고 크게 좌절한다. 석사 과정 중인 한 학생은 자신이 동서양의 모든 고전과 철학을 한눈에 꿰고 있어야 박사 과정에 들어갈 수 있다고 생각한다. 아직 20대 초반의 한 내담자는 내게 이렇게 말했다. "저는 이미 늙었어요. 이생망이에요. 다음 세상을 기대해 봐야죠." 이 이야기를 듣고 있던 나는 속으로 내 나이를 세어 보게 되었다. 공부도 잘해야 하고 여러 사람들과 원만한 관계를 형성할 만큼 소통에 탁월해야 하며, 외모도 최고 수준이어야 한다는 기준을 정해 놓고 거기에 도달하지 못해 무기력에 빠진 내담자도 있었다. 결혼을 하면 달라질까? 아니다. 어느 정도의 재산, 어떤 직업군, 인맥 등 자녀를 키울 수 있는 조건을 정하고 그 안에서 살아간다.

이 모든 학생과 내담자들에게서 나는 자기 자신에 대한 좋은 감정, '이만하면 괜찮다'는 느낌을 발견하기 어려웠다. 그들은 비현실적인 이상을 세워 두고 이에 미치지 못하면 자신에게 심각한 결함이 있다고 느끼고 우울해한다.

그들에게 필요한 말은 아주 간단할지 모른다. 천천히 걸어 보세요. 자연에서 들려오는 소리와 교감하는 여유를 가져 봐요. 일상에서 즐거움과 행복을 누려 보세요. 주말에는 멀리 교외로 나가 한가한 시간을 보내 보세요. 자신을 있는 그대로 사랑해 보세요. 당신은 이랬든 저랬든 특별하고 소중한 존재입니다. 당신은 충분히 사랑받을 만한 자격이 있어요. 큰 것을 보기보다 지금 있는 작은 것에 만족해 보세요. 자신감을 가지고 살아가세요…. 이런 말들은 서점에 있는 수많은 자기계발서들에서도 확인할 수 있으니 내가 반복할 필요는 없을 것이다.

솔직히 말하자면, 나는 내담자들에게 그렇게 말하기가 어렵다. 오히려 나는 그들이 왜 그렇게 우울해하고 스스로를 형편없이 바라보는지 충분히 이해하고 그들에게 공감한다. 나 또한 그런 요구와 기대 속에서 스스로의 모습에 만족하지 못하며 살아왔기 때문이다. 내가 세운 높은 기준에 도달하지 못하면 낙오자가 될 것만 같은 분위기 속에서 나 역시 살아왔다. 이것을 한 개인의 문제로 치부해서는 안 된다. 한 가정의 문제로만 바라보며 부모를 욕해서도 안 된다.

오늘 이 사회를 보자. 얼마나 경쟁적인가? 얼마나 외모 지상주의 환상을 심어 주는가? 얼마나 효과와 성취를 강조하는가? 돈이면 무엇이든 다 된다고 얼마나 자주 자극하는가? 사회적 힘을 악용하여 얼마나 사람들을 착취하고 이용하려고 하는가? 이 같은 질문들이 제기되는 빈도가 줄어든다면, 어쩌면 상담자나 분석가를 찾는 사람들의 수도 줄어들지 모른다.

안타깝지만 우리가 발을 딛고 있는 이 사회가 그렇다. 그렇다면 이런 사회에서 우리는 어떻게 살아가야 할까? 무엇보다 오늘 우리에게 필요한 것은 한 사람에 대한 깊이 있는 존중의 자세이다. 비현실적인 요구와, 압박에 가까운 기대를 지속적으로 보내는 세상에서 아등바등 살아가는 사람들을 향한 깊은 존중.

세상이 만들어 놓은 기준으로 한 사람을 분석하고 평가하는 분위기 속에서 사람은 쉽게 어두워지고 위축된다. 위축된 마음은 나와 세상을 바라보는 시선을 왜곡시켜 바른 이해를 방해한다. 당연히 사는 게 점점 힘들어질 수밖에 없다. 그런데 이것은 혼자서 으쌰 으쌰 한다고 해결되는 것이 아니다. 그 마음을 이해하고 공감해 줄, 나를 나로 존중해 줄 누군가가 필요하다.

사람은 관계 안에서 살아간다. 수많은 관계들 가운데 나의 상처와 불안을 공감적으로 반영해 주며, 내가 가진 독특함과 자발적인 몸짓을 알아봐 주고 확인시켜 주는 관계가 필요하다. 그런 관계 속에서 사람은 자신과 타인에 대한 여유로움과 관대함을 되찾게 된다. 한마디로 나를 있는 그대로 보아 주고 반응해 주는 사람들과의 관계는 치유적 만남의 장을 형성한다. 억압되고 분리되어 존재하던 나의 진면목은 그 속에서 드러나고 표현되며 통합된다. 이 말은 곧, 내가 누군가에게 그런 만남의 장이 되어 주어야 한다는 의미이기도 하다.

오늘 이 사회가 인간의 온전성을 알아주고 '진정한 나'가 활짝 꽃피울 수 있는 너와 나의 치유적 만남이 될 수 있기를 소망한다. 이 책을 읽은 모든 독자가 그런 관계와 만남을 주변에서 발견할 수 있기를 바라며, 모두의 삶이 안녕하기를 기도한다.

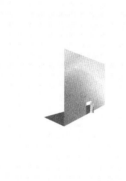

누구에게나 숨겨진 마음이 있다

초판 1쇄 발행 2020년 8월 17일
초판 4쇄 발행 2023년 6월 1일

글 장정은
펴낸이 홍지애
펴낸곳 꿈꾸는인생
주소 서울 마포구 월드컵북로 400 2층
전화 070-4046-2371
팩스 02-6008-4874
이메일 lifewithdream@naver.com

© 꿈꾸는인생, 2020

ISBN 979-11-91018-00-4 (03180)

• 이 도서의 국립중앙도서관 출판예정도서목록(CIP)은 서지정보유통지원시스템(http://seoji.nl.go.kr)과
국가자료종합목록 구축시스템(http://kolis-net.nl.go.kr)에서 이용하실 수 있습니다.
(CIP제어번호 : CIP2020031842)